大阿闍梨《だいあじゃり》酒井雄哉《さかいゆうさい》の遺言

師弟珍問答

玄秀盛《げんひでもり》
公益社団法人「日本駆け込み寺」代表

佼成出版社

この珍問答にあたって

平成四（一九九二）年の五月二十四日夜、宮城県白石市のとある旅館で、阿闍梨《あじゃり》サンとオレは向かい合っていた。

栃木県岩舟町から青森県の恐山まで慈覚大師《じかくだいし》の足跡を訪ね歩く東北巡礼（五月十四日から六月十二日）。その先達《せんだち》として阿闍梨サンに指名されたオレは、道中で三十六歳の誕生日を迎えることになった。

「おい、お前、誕生日か？」

阿闍梨サンが唐突に尋ねてきた。

「はい。三十六の年男です」

「ふうん、そうか。まだまだこれからやな。で、ずっと歩いてきて何か気づいたか？」

「あちこちのお寺に寄ってきたけど、阿闍梨サンの到着をみんな待ちながら、でも、阿闍梨サンっていう偶像を拝もうとしてる感じがするんやけど……」

と率直に言った。

阿闍梨サンはニヤッと笑って、うんうんと頷《うなず》いた。その表情は、千日回峰行を二度満行した天台宗北嶺《ほくれい》大行満大阿闍梨・酒井雄哉《ゆうさい》の素の顔だった。

あとで思った。「ずっと歩いてきて何か気づいたか？」は、オレの三十六年間のことを問うていたのだと。


巡礼中でも、〝お山〟（比叡山飯室谷《いむろだに》不動堂）でも、阿闍梨サンと二人きりになったとき、いろんなことを問いかけた。それに対して阿闍梨サンも懇切丁寧に答えてくれた。ただ、当時のオレには、言葉の深い意味を悟る理解力も、師匠の気持ちを汲み取る洞察力もなかった。

あの三十六歳の誕生日からちょうど十年後、オレはボランティアの世界に入っていった。それまで金の亡者だった人間が真逆の道を歩み始めたのは、間違いなく阿闍梨サンとの出会いがあったからで、この本に記した「珍問答」こそが「日本駆け込み寺」の神髄になったことは間違いない。

言い方を変えれば、オレは阿闍梨サンから有形無形の「遺言」をもらっていたのだと思う。それが、命を救う活動の背骨になっていくとは考えもしなかった。

阿闍梨サンは、耳当たりのいいことを言うような人ではない。少なくともオレに対しては。でも、だからこそ耳奥にその息遣いと共に数々の言葉が巡り続けてきたとも言える。

阿闍梨サンは、許す人だった。阿闍梨サンのもとで得度しても僧籍には入らないと宣言したオレに「それでええ」と言ってくれた。阿闍梨サンの座右の銘である「一日一生」を自分も実践すると決め、「オレの座右の銘としたい」と願い出たときも快く認めてくれた。歌舞伎町で社会の底辺の人たちを助けていくと決めたときも、「そこがお前の場所やろ。とことんやれ」と言ってくれた。そういう阿闍梨サンのDNAの受け継ぎ方もあってええやろう、と今は自分なりに解釈している。

阿闍梨サンと交わした数々の言葉をこれまで誰にも言わずにきた。それは言葉の意味が自分に染み込むまで他言無用を課してきたからだ。平成二十五（二〇一三）年九月二十三日に阿闍梨サンが遷化《せんげ》されて以降も、オレの中だけに仕舞い込んできた。でも、もうそれはできない。

大阿闍梨・酒井雄哉との珍問答は、オレ自身が迷える一人の人間として問いかけ、聞き取った路傍の言葉であると同時に、多くの人が必要とする救いの言葉でもあると感じるからだ。救われない命が溢れている世の中に、阿闍梨サンの遺言を今こそ届けたい。

阿闍梨サンは言っていた、「迷いや苦しみがあるのは悪いことじゃない」と。「迷いや苦しみがあるから悟りもあるんだ」と。阿闍梨サンと歩き続けた時間は、正直、苦痛でしかなかったけれど、あれがなかったら今のオレは存在しない。苦しみの先にしか次のステージは生まれないと、あのときに教えられた。

だから、苦悩を抱えた人たちに、過去の自分から離れられない人たちに、阿闍梨サンの言葉を届けようと思う。そして、そういう人たちが次は自分も誰かを救う番だと気が付いたとき、一緒に命を救う活動をやっていきたい。

阿闍梨サン、どうも、おおきに!

玄　秀盛

大阿闍梨 酒井雄哉の遺言

師弟珍問答

［目次］

ブックデザイン＝福田和雄（FUKUDA DESIGN）
カバー写真＝井上TORA／佼成出版社

►問われる師・酒井《さかい》雄哉《ゆうさい》

天台宗北嶺大行満大阿闍梨。大僧正。

1926年、大阪府生まれ。慶應義塾商業学校在学中に、熊本県人吉の海軍飛行予科練習生に志願。鹿児島県鹿屋の特攻隊基地で終戦を迎える。戦後は職を転々とし、妻を亡くすなど失意の後に、39歳で得度。比叡山延暦寺にて仏道を歩み出す。80年、7年をかけ4万キロを歩く千日回峰行を満行。大行満大阿闍梨に。87年には史上3人目となる二度目の千日回峰行を満行。飯室谷不動堂長壽院住職を務め、国内、世界各地を巡礼し人々から「生き仏」と慕われた。仏教伝道文化賞受賞。著書に『一日一生』『「賢バカ」になっちゃいけないよ』『この世に命を授かりもうして』など多数。2013年9月23日遷化。

►珍問する弟子・玄《げん》 秀盛《ひでもり》

公益社団法人「日本駆け込み寺」代表。一般社団法人「再チャレンジ支援機構」事務局長。「よろず相談研究所」所長。

1956年、大阪市西成区で在日韓国人として生まれ、4人の父と4人の母のもとを転々として育つ。建設業、不動産業、貸金業などを起業して金に執着して生きてきたが、90年に天台宗の大阿闍梨酒井雄哉師と出会い得度。2000年、白血病ウイルス保菌者と判明。人生を180度転換し、世のため人のために生きることを決意。02年、「日本駆け込み寺」の前身であるNPO法人「日本ソーシャル・マイノリティ協会」を設立。以来、数万人の人々の悩みの救済を行ってきた。「(駆け込み寺が)12年経ったらワシに報告しに来い」という師の言葉を糧に活動に専心してきたが、12年の経過を待たず師は遷化。著書に『生きろ』『もう大丈夫』『ワル猫先生の4週間仕事術講座』など多数。

■公益社団法人 日本駆け込み寺 http://nippon-kakekomidera.jp/

お経で人が救えますか？

「救えへん！
お経の言葉が救うんではない。
信心が救うんや。
お経や仏さんは『映し鏡』になる。
自分を救うのは、自分自身の信心や」

無礼か、そうでないかなんて、当時のオレは分かりもせえへんかった。いや、分かってたとしても、他人がどう思うかなんて気にもしない男やった。だから、相手が阿闍梨《あじゃり》サンといえども、「聞きたいから聞くんや」というスタンス。

そして、オレの質問は仏教者にとって、多くの人は遠慮して聞かない核心に近いことだとも、うすうす分かっていた。なぜなら、あまりにも本質的なことやから、聞くほうが「頭おかしいんとちゃうか？」と思われる。

でも、それをズバッと問いかけた。

「お経で人が救えますか？」

答えは二種類しかないはずや。「救える」と答えるなら、「じゃあ、なんでこんなに困ってる人や自殺する人がおるんですか？」と突きつけるし、「救えない」と答えたら、「じゃあ、なんでお経なんて存在するんですか？」とさらに問うつもりだった。〝大阿闍梨〟なんやから、当然「救える」と言うはずやと予想してた。

ところが、違った。

「救えへん！」

阿闍梨サンは即答した。それどころか、

「自分を救うのは、自分自身の信心や。お経じゃない」

とまで返してきた。

二の句が継げなくなるほどの迫力やった。

でも、オレもすんなりと引き下がるほど大人しくはない。天《あま》の邪《じゃ》鬼《く》がむくむくと頭をもたげてきた。

「そやけど、皆、盆や正月には神仏に手を合わせてますやんか？」

そしたら、阿闍梨サン、またバッサリと言い放った。

「都合のええときだけ神頼み、仏頼みをしてるやろ？　それではアカン。

常に信心がなかったら救われるべきときも救われへん。

お経の言葉が救うんではない。信心が救うんや。

救うというのは苦しみや悩みをなくすことじゃない。そんな欲深いことじゃない。

苦を苦のまま、悩みを悩みのまま救うんや。そのことを信じる心が信心や」

（分からん！　なんのこっちゃ？）

「じゃあ、なんでお経なんて存在するんですか？」

「お経や仏さんは、お前自身の『映し鏡』になる。お前の信心を映し、お前の足らんところを映し出す。

それは、お経も仏さんも、昔からの念が入っているからや。念の入ってないもんは映し鏡にはならん。

念じるっていうのは、『ああしてください、こうしてください』と頼みごとをするもんじゃない。自らのあり方を心から念じるときに、何千年もの『時』に念じられてきたお経がそれを手助けする。

それを、おまじないと言うならば、おまじないかもしれん。それでも、信心があれば、おまじないでもかまわん。

『教え』というものも、同じことや。信心を持って教えを受けようとするから教えになる。そうじゃなかったら、ただの戯言《ざれごと》。

要は、教えを受ける自分の問題や」

(難しい話やなあ……)

「そしたら、どうすれば人は救えるんですか？」

「わしゃ、知らん」

(なんや？　大阿闍梨なのに知らんのかいな？)

不遜《ふそん》な思いが顔に出てたんやろと思う。阿闍梨サン、そこで自ら補足してくれた。

「そもそもな、人の悩みや不安っていうのは消えるもんやない」

(えっ⁉　消えへんの？　まあ、そうか。酒飲んでも、一瞬忘れてるだけやもんな)

「自分が過去に抱えた不始末や、自ら発した罵詈雑言《ばりぞうごん》が誰かを傷つけた、そのことが分かってないから問題になっとるんや。その仕返しが悩みや不安として己《おのれ》にやってくるんや」

（ふーん）

「日頃の『心の不養生』から起こるんやな」

（救い方は知らんけれど、原因は分かってるっちゅうことやな？）

でも、またまたオレには疑問が湧き上がる。

（救い方を知らん人に相談に来るっておかしくないんか？）

〝お山〟（比叡山飯室谷《いむろだに》不動堂）でお茶を出すときに、阿闍梨サンがお客さんといろんなことを話してるのは耳にしてた。「息子が」「旦那が」「会社が」という程度しか聞こえてなくても、なんとなく助けてほしいような口ぶりの人が多いっちゅうことは分かる。

そして、そういうときの阿闍梨サンは、たいていニコニコしながら聞いてるだけ。信心を持て、とも言わん。お経を読め、とも言わん。せいぜい、「そやなあ。まあ、明日になったら、ちょっとはよくなってるやろ。くじけずに、コツコツやっていくことが大事やなあ。日々、歩いてたら、たどり着くはずや」とか「そら、心のもちようや。コロコロ動くから心なんやから」というくらいのことしか答えてへん。

（まったく答えになってへんやんか！「週にいっぺんでもお参りせえ」とか「弁護士に相談したらええ」とか言うてあげたらええのに。ちゃんと答えられへんのに相談されるって、聞いてる阿闍梨サンも難儀やろうに……）

オレの脳みそは、その程度のもんやった。

だから、平気で尋ねた。

「そしたら、なんでみんな阿闍梨サンに相談するんですか？」

「誰に向かってしゃべるかが大事なんや。ワシんとこに来る人は、ワシに願かけを頼むんや。それで叶《かな》う」

オレにはチンプンカンプンの答えや。（答えにもなってないやんか。また、はぐらかされた、このおっさんに）としか思えんかった。

でも、今は阿闍梨サンの意図が分かる気がする。すぐに求める結果を出すことが救うということではなくて、私欲のない人に必死になって不安や悩みを伝えているその姿こそが、もしかしたら救われている姿なんやないか？

今となっては、それを尋ねることはでけへんけれど……。

悪人を救う意味があるんですか？

「当たり前や！
お前、命をどこから見とるんや！
命は善悪で見るものじゃない。
肉も大根も食うやろ？
何かの命が
お前の命を支えてる。
善人なんか、この世にはおらん」

(何が悪で、何が善なんやろ?)

阿闍梨サンといろんな話をするうちに、だんだんと、そういう疑問が湧き始めた。

それまでは、「金儲けは、オレにとっては善や。世間の評価なんか、くそくらえ。何を言われても関係ない」と馬耳東風《ばじとうふう》。善も悪もオレが決めるんや! としか思うてなかった。

ところが、紋切り型の善悪論では片付かない問題が世の中にはたくさんあることが分かってくると、そもそもの善とか悪とかいう二つに分ける考えが揺らぎ始める。

たとえば、誰かが食い物もなくて死にそうになってる。それを助けるために食い物を盗んで、渡してあげた。これは善か? 悪か?

誰も簡単には答えられへん。もっと言うたら、自分が悪になるのが嫌で食い物を盗まなかったために、目の前の人は死んでしまったとしたら、見捨てた自分は善なのか? 悪なのか?

こういうことはリアルやし、ありがちなことでもある。普通に生きてたら誰だって一度はぶつかる問題や。だけど、そのときに多くの人間は何かの理屈をつけて「自分は正しいことをした」と言い張る。他人のことなら、世の中は「なんてひどいことを」と、自分を棚に上げて非難する。ところが、一旦自分の身に降りかかれば「自分は正しいことをした」と自己弁護する。なんやねん⁉

ということは、何が善で、何が悪か、という問題は、昔から人間にとって大きな悩みごとだったんと違うかな？　しかも、簡単に結論が出せんことやったんと違うやろか？　そもそも世の中に絶対的な善や悪が存在するんか？　そんなことを思うてるときに、親鸞《しんらん》聖人の「悪人正機《あくにんしょうき》」っちゅう考えに出合った。「善人ですら救われるのだから、悪人はなおのこと救われる」という考えらしい。

これ、おかしくないんか？　と思うた。普通やったら、悪人が往生できるんなら善人は当然だ、となるはずや。だけど、悪人のほうが当たり前に往生できるって、なんでそんなこと言うんや？

鎌倉時代の人やから、今とは時代背景も違うし、親鸞が接してきた人々も今の時代にはおらん。でも、人間はどんな時代にも、どんな民族でも同じはずちゃうんか？

じゃあ、オレの言うてる「悪人」とはどういう人間のことか。それは、〝前科モン〟のこと。それがいちばん分かりやすいし、身近やったから。

その頃のオレの商売は、当時の言い方で「人夫出し」という派遣業やったから、素性の分からんヤツもかき集めてきては頭数として建設現場や工事現場に送り出してた。その数の分だけピンハネするからオレの利益になる。いくら更生させようと手をかけても、シャブ打ってたヤツは隠れてシャブを打つし、手癖の悪いのはやっぱり盗む。それがオレの見てきた現実。腐ったミカンは箱の中のミカンを腐らせてしまうから、早めに取り除く。従わないヤツも排除する。

そのビジネス哲学からいえば、いくら偉い坊さんの言うことでも現実に合わん。

数字で考えても分かる。前科モンかて、割合からいったら、ほんの一部の人間や。罪を犯さないヤツは一生、罪を犯さないし、人を殺《あや》めるヤツなんて百人中十人もおらん。でも、親鸞の考えで言うと「九十人よりもまず十人以下の悪人を救う」って話になる。おかしくないか？　バシャッと十人を遮断したらそれで終わるやんか。十人を救うエネルギーを九十人に向けたほうが社会としては効率がええやろ？　悪人を救うなんてきれいごとちゃうの？

そんなこんなもあって、ストレートに聞いてみた。

「阿闍梨サン、悪人を救う意味があるんですか？」

ところが、阿闍梨サンにこっぴどく叱られた。

「当たり前や！　お前、命をどこから見とるんや！

お前の目は、善とか悪とか、偏った命の見方をしてるだけや！」

そう言われて、オレの頭の中はますます混乱し始めた。

そこに阿闍梨サンは、追い打ちをかけてきた。

「お前、肉食うやろ？」

「はい」

「牛を殺してるやないか」

「……」

「大根食うやろ？」

「はい」

「大根を殺してるやないか」

「……」

「お前も悪人や」

「いや、食われるための牛や大根やから。あれ食わんかったら、オレは生きていかれへんから」

そう言った瞬間、

「そこや！」

と阿闍梨サンは語気を強めた。

「命の源泉や。何かの命がお前の命を支えてる。そこに目を向けろ。命は善悪で見るものじゃない。

手癖の悪いことするヤツが罪人なら、お前も罪人や。何を善人ヅラしてるねん！」

（そこまで言うか……）と思いながらも阿闍梨サンの言葉を反芻《はんすう》していたら、

「ワシかて同じや。善人なんか、この世にはおらん」

と一言が降ってきた。

（おらんのか？　皆、悪人か？　阿闍梨になっても悪人か？）

そんな新たな疑問を見透かすように、阿闍梨サンは、こう付け加えてきた。

「そういう過ちに気がついて悔いあらためることを『悟り』っちゅ

うんや」

（悟りってそういうことかいな!?　なんでもパッとひらめいて分かることじゃないんか？）

「でも、悟っても悩むでしょう？」

と、意地になってそんな質問までしてしまった。

「だからええのや。悩むから悟ることができて、悟るから悩みが出てくる。悩みと悟りを行き来しながら生きていくのがええのや」

オレの考えてたことが、ことごとく壊されていった。

でも、このときの対話があったからこそ、「悪人」「善人」「命の見方」「悟り」という捉え方が、その後、百八十度変わった。

今、「被害者も加害者もつくらない社会」「たった一人のあなたを救う」「どんな過去でもやり直しはきく」と言えるようになったのは、命には善も悪もないという教えが実感されるようになったから。

命ってなんですか？

「命は、つくられへんのやで。
お前に関係なく勝手に動いてくれてるものや。
自然に止まるまで止めるな。
止まるまで待ったら『寿命』っちゅうもんや。
命は、人のために使うもんや。
皆、意味があって生きてる。
命に無駄はない」

阿闍梨サンに「命は、つくられへんのやで」と唐突に言われたことがある。

唐突のように思ったのはオレの勘違いで、実はその前からオレ自身が「『不惜身命《ふしゃくしんみょう》』ってどういうこっちゃろなあ?」「そもそも、命ってなんやのん?」「魂とか霊ってあるんかいな?」と、問うこともなくつぶやいていたから。

それらが一言に結実して、

「阿闍梨サン、命ってなんですか?」

と口をついて出てしもうた。

それに対する阿闍梨サンの答えが、冒頭の言い方。

(つくられへんことくらい、分かっとるわい!)

オレが「はい」と答えると、

「そうやろ? だから、命は与えられたもんや。与えられて、生かされてる、それが命や。

お前かて、祝福された命なんや。必要だから生まれたんや」

「いや、オレは産み落とされた命やし、喜ばれて生まれたわけでもないです。


だから、必死に生きてる。生かされてるとは思えへんです」

「無事に生きてるやんか？　それが生かされてるってことや」


誰にも言うてないけど、オレの父親は住所不定やったから、生まれた助産院をオレの出生地にしてた。住民票かて小学校に入るまでなかった。そんなんで祝福されて生まれたと思えるわけがない。

（命は与えられた？　オレに言わせたら逆や。金やモノや時間や愛と同じで、命も奪うものの一つや！）

「命は、人のために使うもんや。お前の命かて、何か使いみちがあるはずや」


そんなこと言われると、ますます分からんし、反発心も強くなる。

（いや、自分のために使うもんやろ？）

（こんな命でも使いみちがある？　ほんまかいな？）

そんな思いが伝わったんか、小学生にも分かる言い方もしてくれた。

「命は、思うようには動かせへんものや」

と。

（今度は、なんの話やろ？）

「お前、どうやって心臓動かしてるんや？」

「えっ？　勝手に動いてます」

「それや。命って、お前に関係なく勝手に動いてくれてるものや。だから、それを止めるな。自然に止まるまで止めるな。止まるまで待ったら『寿命』っちゅうもんや」

（自分が命を動かしてるんじゃなくて、命がオレを動かしてる？　オレは命から命《めい》じられて動いてる？　命じるから命か？）

そんな訳の分からんことを自問しながら、まだ続く阿闍梨サンの話を聞いとった。

「皆、意味があって生きてる。命に無駄はない」

そう言われると、余計なことまで聞きたくなる。

「ヤクザも同じですか？」

「まだ、そんなこと言うか！　普通はそこまで言うたら『ふーん』て言うねん。

まあ、そこがお前らしい、ええ考え方やけどな。

あのな、服着てる体のことと違うんやぞ。表の話ではないんや、ワシが言うてる命っていうのは」

「ふーん」

「そこで言うかいな！」

オレだって、「皆、意味があって生きてる。命に無駄はない」と言われると、そうかそうか、と頭の片隅では思ってる。でも、きれいごとやろ？　という疑念がどうしても湧いてきてしまう。

「きれいごとちゃいますか？」

思わず言うてしもうた。

そうしたら、

「あのな、この世でいちばん大切なものは、お前が得ようとしても得られへんものやぞ」

と〝変化球〟がきた。

「お前、命まで金で買えるって言うてたな。それは違うぞ」

「オンナ買えますやん」

「そこが違うって言うてるんや。オンナと命は違う。そこが分からんと、ワシの言うた『服着た体が命じゃない』って意味は分からん」

「………」

オレは黙るしかなかった。

「逆に、金が切れたら、全部消えてしまうんやろ？」

「はい」

「それは『買えた』とは言えへん。『借り物』や」

（おお！　また何かきたぞ！）

「あのな、いちばん大切なもんは、仏さんからいただいてる」

「仏さん、何をくれました？」

「息してるやろ？　水飲んでるやろ？　空気も水もだあれもつくられへんけど、タダで使わしてもろてる。命も同じや」

（ほおー、そういうことかいな）

「心臓がどきどきしたとき、お前が意識して動かしたんか？」

「いや、ええオンナがおったら勝手に動くんやけど」

「お前は、そんなことしか思い浮かばんのか？」

「はい。命はオレには見えへんし。阿闍梨サンには見えますか？」

「心で見るんや」

（オレ、そういうの分からんがな！）

おおかた、こんな調子で阿闍梨サンとの珍問答は進んでいった。

そして、「駆け込み寺」を始めてから、阿闍梨サンの言うてた命のことが、まるごとオレに降り注いできた。目の前に来る人たちの多くが、自分の命の使い方に迷って苦しんでる。その姿にかつての自分を重ね合わせたとき、

「命は、お返しをすることで意味がある。それは、生かされてるからや」

と自分でも言い始めた。それは自然な変化やった。

そして得心した。

(ああ、こんなオレでも命の使いみちがあったんやな！　これが利他行ってことなんやな！)

「生き仏」ってなんですか？

「ワシは、そう呼ばれることもあるけれど、
生き仏なんかおらん。
本来はみんなが仏なんやで。
誰かを崇《あが》めたりする必要はない。
ほんまに崇められるにふさわしい人間に
なれるかどうかは、これからの行い次第やろ」

阿闍梨サンが東北、西国、四国と巡礼したのは、還暦もとうに越えてから。その健脚ぶりには驚くしかなかった。若い頃の鍛練が成し得るものなんやろうな、と思いながら、京都から上野、栃木県から青森県の恐山まで共に歩いた。

道中、阿闍梨サンといろんな話ができたから、今のオレがあるのは間違いない。

ただ、オレの性格からいって、何を言われても素直に納得しようとか、分かってもいないのに分かったツラをする気にはならんかった。

(仏？　それが、なんやねん！)

(しょせん人間やんか！)

(難しく言うてるだけやろ？)

腹の中には、そんな気持ちが渦巻いとった。間違いなく、あの三十代の頃は。

ただ、何か他の人とは違う、偉そうにも見えへんところが何かある人や、少なくとも日本全国から人が会いにやってくる理由がこの人にはあるんや、という冷静な目も持ちながら阿闍梨サンを見ていた。

あるとき、怖いモン知らずのオレは、こんなことを尋ねた。

「阿闍梨サンのことを皆『生き仏』って言うけど、『生き仏』ってなんですか?」

(「ほんまに生き仏ですか?」と言おうと思ったけれど、それはやめた)

「なんですか? ってなんや?」

「阿闍梨サンかて、車の運転しますやんか?」

「ああ、する」

「たまには制限速度を超えたりしますよね?」

「ああ、あるな」

「オレが考える生き仏いうのは、すべての行いが善なるもので、あらゆる人たちの模範的行動ができて、崇高な仏さん、というイメージですねん。でも、阿闍梨サンは、たまには制限速度も超えると言うし、生き仏が交通違反ってイメージが湧かへん。阿闍梨サンはオレらと何も変わらんように思うんやけどなあ」

「ハハハハ」

「そもそも、生きてる仏っていうのが分かりにくいんですわ。どっからどう見ても人間みたいなんやけどなあ……という質問は、気分悪いですか？」

自分で思い出してもアホなこと聞いたなあと赤面してしまう。

でも、阿闍梨サンは、呆れながらも返してくれた。

「お前にかかったら、仏も神もないわな。

『ホトケほっとけ、カミかまうな』と言うけれど、お前は何か絶対のものがあると思うてるやろ？　現象を捉えて崇《あが》めたりけなしたりしてるだけや」

「オレは阿闍梨サンのことを崇めてはいないけど、好きか嫌いか言うたら好きな存在ですよ。でも、皆は絶対のもんやと思うから手を合わせるんと違いますか？

ただ、鼻くそほじくる仏さんもあるんやな、風邪ひく仏さんもあるんやな、と阿闍梨サン見ながら思うてたんですわ」

「ハハハ、とことんアホやな。

あのなあ、生き仏って、世の中が言うてる呼び名や。人はそうやって崇めるんやけど、生き仏なんかおらんわい！

あるがままにあるだけ。特別な存在でもない。本来は皆が仏なんや」

「ほおー、皆が仏なんですか？」

（もっと分からんわ！　立ち居振る舞いがピッとしてて、どう見ても崇高な感じで、っていうのが仏ちゃうの？　そのへんのおっさんも仏って、なんでや？）

「そうや、誰でもが仏なんや。

だから、誰かを崇めたりする必要はない。自信のないヤツが誰かに頼りたくなるから崇めるだけや。

確かにワシも修行はした。それを崇めたくなる人もおるんやろ。修行した事実は事実としてそのとおりやけど、崇められたってプレッシャーやで。

お経も作法も長くやってきたからプロかも分からん。でも、ほんまに崇められるにふさわしい人間になれるかどうかは、これからの行い次第やろ。ワシ自身も生き仏を目指してはおるけれど」

「えっ！　阿闍梨サンも目指してるんですか？」

「まだまだ道の途中ってヤツや」

「いつまで続くんですか？」

「死ぬまでや」

「ずっと仏になる修行ですか？」

「だから歩いてるし、お経も何度も唱えるんや」

「なるほど、目指してるから、やるんやなあ……」

「何か得心がいったか？」

「はい、あのオンナを目指すとか、今月いくら目指すとか、それでええんやと得心しました」

「アホか！」

「でも、阿闍梨サン、死ぬまでいろんな修行を続けたら、頭の中、いっぱい悟りが詰まって、ごちゃごちゃになりませんか？」

「ハハハハ。あのな、学んだことは詰め込んでおくものと違う。実践していって意味がある。修行したことも実践しないとな。来た人に話をするのも実践の一つや。

そうして、死ぬときに自分の中には何も残ってないのがええんや」

「ふーん。空っぽで死にたいんですか？」

「お前かて、いくら金貯めても、墓の中まで持っていかれへんぞ」

「空っぽを目指して修行するって、変やなあ。最初から何もせえへんほうがええんと違いますか？」

「ハハハハ。ようそこまでワシに聞くなあ。愚かなくらい正直な男やな！」

（なんで、皆こういうことを聞かんのやろ？　聞かんでも分かってるんやろか？）

どこまでいっても、オレはそういう遠慮も思慮もないヤツやった。ただ、それは阿闍梨サンが答えてくれる相手だと分かってるからであって、そうじゃなかったら、質問も出てこない。言われたことが分かるかどうかは別として、投げかける相手が人間には必要や。

欲って、持ったらあかんのですか？

「欲は必要や。
欲がなかったら生きていかれんのやから。
問題は、欲のかけ方や。
仏の世界には『利他行』いうて、
他人のためにかける欲がある。
結局は、
人の役に立つ生き方が自分を生かすんや。
どうや？　物欲で心が満たされたか？」

〝下界〟で商売してるときには聞かん言葉を、〝お山〟へ来ると耳にする。その一つが「欲」。オレの仕事ではわざわざ取り出して言わんでも当たり前やんか、と思うてることが、なんやえらく重いことのように感じてしまうのは、なぜなんやろ？

そんな気持ちもあって、阿闍梨サンに単刀直入に質問した。

「欲って、持ったらあかんのですか？　生きていくには必要でしょう？」

千日回峰行の「堂入り」のときに九日間の断食・断水・不眠・不《ふ》臥《が》をやった人に「欲って、あかんの？」と聞くんやから、アホの極みやと自分でも思う。それでも確認したかった。

要は、人間に欲はほんまにいらんのか？　ということを斜めから聞いてみた格好や。

すると、意外にも、

「欲は必要や」

と、さらりと返ってきた。

「欲がなかったら生きていかれんのやから」

（せやろ！　なんや、聞くまでもなかったな）

内心では、単純にほくそ笑んでた。なぜかって言うたら、オレの物欲、金銭欲が認められた、と思ったから。

しかし、阿闍梨サンは、その後にオレの価値観をひっくり返すようなことを言い始めた。

「問題は、欲のかけ方や。お前の場合は『我欲』やな。どこまでも自分、自分、自分という欲のかけ方をしてる。

もっと言うたら、生きてる、生きてる、生きてる、と考えてるお前がおる。

でもな、仏の世界では『利他行』いうて、他人のためにかける欲がある。そのためにつく嘘もある。そのことを『嘘も方便』とも言う。それは我欲のための嘘とはまるで意味が違う。

結局は、人の役に立つ生き方が自分を生かすんや。自分が救われるっていうのは、そういうことなんや。自分が生きてると考えるのとは様相が違う」

なんせオレは、阿闍梨サンと出会って間もない頃に、回峰行のことを「苦しくなかったんですか?」と質問した男やから、自分から欲を止めるなんてことをやる意味が分からん、と思っていた。そんな人間が「自分のためではない欲のかけ方」とか「人の役に立つ生き方が自分を生かす」と聞かされても、すんなりと染み込んでくるはずがない。

でも、阿闍梨サンは、もっと厳しい言葉を投げつけてきた。

「お前、世の中を欺《あざむ》くなよ!

金でいろんなモノを集めるとか、人も金で動かすとか、そうやって人から評価されたいんか? そういう評価をもろてるから自分もええ人間やと思うてるんか? 偽善を金で買《こ》うてるんか? そんなんで人を欺いて何になるんや⁉」

オレが金融業で、えげつない取り立てしてることを阿闍梨サンもうすうす知ってる。オレは自信を持って「金こそすべて」でやっていたけれど、阿闍梨サンは、それは世の中を欺いてることじゃないのか？　と突きつけたんや。

「評価されたいとか偽善を買うてるんでもないですけど……」

「ワシには、ほんまにお前の思うことをやってるようには思えん。お前、自分を欺いてるから世の中を欺くんと違うか？」

「自分を欺くって、どういうことですか？」

「欺くためには、必ず〝はかりごと〟があるはずや。こうしたらこういうええことになるはず、こいつにこうしてやればこういう甘い汁が得られる、そんなことを考えるやろ？　たとえ、それがええことしてるように見えたとしても、計算された偽物の善や。だから偽善って言うたんや。

ええか、そんなことしてても、人間としては何も得られんで」

「何するにも、失敗せえへんように計算するでしょう？」

「それは計算やのうて、準備の話やろ？　人を欺くのが〝はかりごと〟や。

もしそれをするなら、『はかりごとは密なるを良しとす』って言うように秘密にやるもんや。自分があれしたとか、これしてあげましたとか自慢するもんと違う。まして、それで自分が得するのは『我欲』以外の何ものでもない」

「自慢したいんでもないけど、言うたほうが思い通りにいくこともあるでしょう？」

「黙ってやればええ。途中で誰かに言うのは頼りたいからや。それでは自分の身にはならん」

（頼る？……阿闍梨サンはオレ自身でも気がついてないオレのことを言うてるんやろか？）

「ひけらかしたり、欺いたり、頼ったり、他人を蹴落としたりっていうのは、間違った欲心がさせることや」

（言うてる意味はなんとなく分かるけど、オレ自身のこととなると、いまいちピンとこんなあ……）

「どうや？　物欲で心が満たされたか？」

「いや、満たされてたら、ここにはおらんから……」

「それは、どういう意味や？」

「何が満たされてへんのかも分からんけど、だからといって、ここでそれを得ようというわけではないんですわ。下で悪いことやってたのが、ここへ来るときれいに拭われて、そしてまた戻っていくような感じで。だから、また悪さしたろとも思うてるし。

ただ、ここに入ったら駆け引きがありませんやんか。だから、いろんなことも聞く耳になれるし、不思議なことに、〝お山〟へ上がってくると、聞いておきたいことが湧いてくるんです」

「ふふん」

「でも、阿闍梨サンの話は謎解きばっかりで、よう分からん。分からんけれど、〝お山〟を下りながらあれこれ考えてますねん」

そんな会話をしたからって、オレの物欲も金儲けも相変わらず続いた。

続いてはいたけれど、じわじわと何かが変化していた。自分自身でも気が付かないところで。

答えは、右ですか？　左ですか？

「ワシがどうのこうのじゃない。
右でも左でも、
やるのはお前自身なんやからな。
だったら自分で決めて、
とことん行け。
そうしたら、
お前自身がお前のことを知る」

オレはだいたい、第一印象が悪い。印象が悪いと知りつつ、初めからそう見える振る舞いをするときがある。

「阿闍梨サン、相手が思う第一印象なんて気にしないでしょう?」

半ば同意を求める質問をした。

「第一印象? そんなもん気にするかいな。お前、気にするんか?」

「いや、まったく。相手が誰であれ、このまま前面押し出しですわ」

「でも、お前は人を見てあえてやってるやろ? もっと言うたら、人を試してるんやろ? どんな反応をするか、顔を見て遊んでるんやろ?」

「はい。それでええと思うてますねん。くそまじめに『こんにちは』から始めると、どんな人間か分かるまで時間がかかるでしょ? ちょっと逆なでしたり小突いたりすると、その反応でだいたい分かりますやん。そのほうが手っ取り早い」

と不遜な返答をした。

「それで、ええんか？」

「ええですよ。オレを嫌な人間やと思うヤツ、という分かりやすい答えがすぐ出るほうが。」

こいつは嫌な人間だと思いながらオレと付き合うって、その理由はなんやろ？　とオレは考えますねん。金やろか？　利権か？　オレの寝首かこうと地位を狙ってるんか？　頼みごとがあるんか？　と。だから、毒気があったほうが相手がよう見えてきます」

オレが言うたことは、商売上の付き合いに限ったことじゃない。たとえば、あるときエスカレーターに乗ったら、前におばあちゃんが立ってた。そこへ、下から駆け上がってくる足音が聞こえてきた。それが誰であろうが確認もせず、オレは身を半歩外へ移動させて、通せんぼした。おばあちゃんにぶつかったら加害者と被害者が生まれるからや。それを阻止するために取った行動。

するとゝ、下から駆け上がって来たヤツはオレの真後ろでピタッと止まって「チッ」と舌打ちした。もちろん、オレには〝想定内〟。そして、振り返って「なんや！」と睨《にら》みつけたら、この顔にビビッて「いえ……」と言ったまま下を向いた。どんな相手でも、反応を見てそいつの腹の内をうかがう。

さて、さっきのオレの意見に対する阿闍梨サンの返答は、こうや。

「お前は毒やな。でもな、毒が分かれば解毒できるんや」

（なんの話やろ？　オレを解毒するってことか？）

「毒を以て毒を制する、ってところがお前には見られる」

「オレは猛毒のハブやから」

「でも、ほんまはそのフリをしてるだけや」

（なんで？　「毒や」って言うてるやん）

「世の中は、毒のないヤツが悪さするもんや。なぜなら、毒の怖さを分からんからや。

お前は毒の怖さが分かってる。そこをゼニ儲けに使《つこ》うてるんやろ。無学やとか言うけれど、人の背中をじーっと見て、相手によって毒を吐いたり吐かんかったりしてるんや」

「えっ？　分かりますか？」

「分かる。

お前は、正直なんや。悪さをしてると言いながら、ちゃんと人を見てる。金とか物とかを見ているようで、実は人をいちばん見てる。

それは、たぶんお前の生い立ちが関係してるんやろう。それか、先祖の血筋かもしらんけど」

（ふーん）

「お前は、バカじゃない！」

（ふーん。オレの氏素性は何も言うてへんけど、そう思われてるんやなあ）

元来、天の邪鬼なオレは、人に「右や！」と言われると「いや、オレは左へ行く」と言うてしまう性質《たち》。もしかしたら阿闍梨サンはそれを見越して、答えを言わないのかもしれん。オレが「左」と言うと「それでもええ」と言うし、「右」と言えば「それもええ」としか言わん。

あるとき、決着つけたろ！　と思うて聞いた。

「阿闍梨サン、答えは右ですか？　左ですか？」

すると、

「両方行けばええ」

と、相変わらずの返答。

「両方は行けへんなあ……。ってことは、まっすぐ歩けってことなんかな？」

「そや。それでええ」

そういう仕向け方で道筋を示すのが阿闍梨サン流やった。

「ワシが言うからどうのこうのじゃない。右でも左でも、やるのはお前自身なんやからな。だったら自分で決めて、とことん行け。そして、人間になれ！」

「人間ですやん」

「いや、『人間になる』っちゅうのは簡単じゃない。そやから、右でも、左でも、行ったらええんや。

そうしたら、お前自身がお前のことを知る。お前が自分を分かることが大事なことや」

今にして思えば、こっちが商売に利用できそうな話はないかと邪心があって聞いてることが多いから、分かるものも分からんし、ねじ曲げて解釈してることも多々ある。

でも、分からないままに頭の中に入っているものは、そのまま取り出しやすい。その後の人生の中で捉え直してみると、言われていたことが実は深い話だったと分かる。そして、簡単には答えようのないことをオレ自身も尋ねていたんや、とあらためて知ることになる。

そして、阿闍梨サンは丁寧に教えてくれていたんだと時間が経つほど分かる。凡夫《ぼんぷ》どころか、愚鈍やったオレの愚かな問いかけに、よくぞ阿闍梨サン、付き合ってくれたもんや。

「まっすぐに行け」を「右でも、左でも、自分で行け」と表現する人が、オレの心の中におる。

千日回峰行をやったら何が分かりますか?

「そんなもんは何もない。
大事なのは、やった後や!
修行っちゅうのは、自分との闘いや。
修行を終わってからがほんまの『行』や。
どこまで空っぽにできるか、
無心になれるかが仏の修行」

「阿闍梨サンは、なんで二回も千日回峰行をやったんですか？」

そう尋ねたのは、慈覚大師《じかくだいし》（第三代天台座主《ざす》・円仁《えんにん》）の巡礼中（慈覚大師の生誕地である栃木県岩舟町から青森県の恐山まで、平成四〈一九九二〉年五月十四日から六月十二日にかけて一六〇〇キロを歩いた巡礼）に泊まった宿でくつろいでいたとき。

一度の満行でも難しいと言われるのに、阿闍梨サンは五十四歳で一度目、六十歳で二度目の満行という稀《まれ》な経歴の人やった。比叡山の千年の歴史の中でも二度の満行は三人しかいないらしい。

阿闍梨サンの場合、体力のある若い頃にやるならまだしも、なんで高齢で二度も？　と当然気になる。

でも、興味本位で聞いていると思われないように、

「弟子として聞いておきたいんですよ」

と付け加えて尋ねた。

すると、

「まだ歩きたかった、それだけや」

と、拍子抜けするような理由。

(それだけかいな?)

「ワシは得度したのも遅かったし(三十九歳)、他の坊主は一回歩けば分かるんやろうけど、ワシには分からんかったからな」

「ふーん。二回もやったら、何が分かりますか?」

「そんなもんは何もない。大事なのは、やった後や!」

「じゃあなんで修行するんですか?」

「修行っちゅうのは、自分との闘いや」

「その闘いの中で、いろんなことが分かるんとちゃいますの?」

「修行中は気がつかないことが多いもんや。修行を終わってからがほんまの『行』や」

「修行の後の『行』って、どんなことですの?」

「簡単に言うたら、〝利他行〟のことや。

みんな、そのときは必死で修行するやろ？　それで何かの称号を授かったとしても、自分の勲章にはなるかもしれんけれど、それまでや。

回峰行でいうと、千日のうちの七百日は自分のための〝自利行〟で、三百日は人のために行う〝利他行〟。修行は自分のためだけじゃない。

草木一本にも仏の魂が宿ってる。それを歩きながら見て、感謝する。すべてを受け入れる。そういうことが行者としての自らを『修《おさ》』める『行』いや」

（また、分かったような分からんような答えや）

「仏の修行っちゅうのは、自分をどこまで空っぽにできるか、どこまで無心になれるか、ということや。悟りというのは、とことん人間を知っていったうえで得られるもの。どこまでも空っぽで無心であろうとすることと、どこまでも人間を知っていこうとすることは、決して矛盾しない。お前もいつか分かるやろ」

「オレには難しい話やなあ」

「言葉で分かりやすく言うと、そういう言い方になるけれど、言葉にでけへん部分がある。そこが大事なところなんや。こんなん序の口の話や」

「言葉で伝え切れへんって、そんなら、どうやって理解するんですか?」

「ワシを見ろ!」

(見てたら分かるんかいな?)

一事が万事、そんな調子。分かりたかったら、とにかく近くにおって見てるしかないと阿闍梨サンは言う。まあ、だから〝お山〟にも行ってるし、一緒に歩いてるんやけど、それだけですんなりと何もかも分かるはずもない。

「阿闍梨サン、なんかぼやけた答えですねえ」

自分の無理解を棚に上げてそう言うと、阿闍梨サンは決まってこう答えた。

「今に分かる！」

「いつ分かるんやろ？」

「死ぬまでには分かるやろ」

（なんやて？　明日死んだら、そのときには分かってるんかいな？　ほんま、ぼやけてるわ、阿闍梨サンの言うことは）

と内心は不満だらけ。

後々分かることとなんやけれど、自分の求める答えではないときに「なんや、分からんこと言うなあ」と思うのは、自分自身が「答えを教えてもらう」というスタンスでしかないから。ほんまに求めてる、生きるか死ぬかの覚悟で求めてる、そういうときには「なぜ、この人はこういうことを言うんやろ？」と、その意味を考え始める。与えられるのを口開けて待っているのか、自分から食らいついて知ろうとするのかの違いが、「分からん」になるか「分からんけれどなんやろ?」の差になる。

阿闍梨サンは、オレの質問を無視することもあった。そんなとき、オレは「阿闍梨サンでも答えられへんのやな」くらいにしか考えてなかった。

今にして思うと、「答えない」という答え方だったのかもしれへんなあという気がする。あるいは、「今はまだ言うても分からんはずやから、時機を待とう」という判断もあったかもしれん。

阿闍梨サンは、答えではなく、「あそこ」と指差して「そこまで行けば何か分かる」と示してくれるから、そこまで行けるかどうかが自分の課題になってくる。「いつか分かる」と言われれば、「いつか」を待ち続けるしかない。だからといって、ぼんやりと待っててもも大事な「時」を逃してしまう。そこはしっかりと感度を高めて自分でつかまえていくしかない。その覚悟のようなものが大事なんやろうな。

阿闍梨サンも、よく言ってた。

「それが遠いか近いかは、ワシには分からん。お前の尺度やから」

その「尺度」もまた難しい話やった……。

得度して何か変わりますか?

「お前だけは特別な『特度』なんや。
お前は、
孫悟空や。
ワシは、 お前の頭に輪っかをはめたんや。
見えへんけれどな。
まあ、 いずれ分かる」

「阿闍梨様から『あいつは得度せえへんかな？』と言われていますよ」とお付きの人に言われたとき、「トクド？」と聞き直した。

「なんでオレが？」と平静を装って聞き返すと、「あいつはいつもダンビラ（刀）出して歩いてるようなもんやから、鞘《さや》に収めることを覚えんとあかん、って阿闍梨様が気にされてました」。

〝お山〟から帰って、平凡社世界大百科事典で調べた。

「得度とは、僧籍に入ること」

と書いてある。

（今さら坊主になるつもりはないで。しかも、「十善戒」を誓うなんてことは無理やし。そんなことしてたら、商売成り立たへんわい）

そんなことを思ったけれど、「得」って字に色気を出して、何かええことでもあるんやったら得度したろかな？　と考え直して得度式に出席した。でも、仏門には入らへんで、と思いながら。

いちばん困ったのが「十善戒」。邪淫をしない、嘘を言わない、欲張らない、不正な考えをしない……無理やがな！　全部やってるわい。変なところだけ真面目なオレは、口先だけでゴニョゴニョとごまかしながら唱えるしかなかった。サングラスも「外したら見えへんがな」と難癖つけて、かけたまま。傍若無人《ぼうじゃくぶじん》の三十三歳やった。

そうやって得度はしたものの、得度した自分自身のことが腑《ふ》に落ちない。だから、率直に阿闍梨サンに尋ねた。

「オレ、坊主になるつもりはないのに、得度して何か変わりますか？」

するとと、阿闍梨サンは、

「お前だけは特別な『特度』なんや」

と真顔で言った。

「はあ？　どういうことですか？」

「『西遊記』って知ってるか？　三蔵法師が天竺《てんじく》へ経典を求めて旅

する話や」

「知ってますよ。猿と豚とカッパがお供して行くやつでしょ?」

「お前は、孫悟空や。ワシは、お前の頭に輪っかをはめたんや」

「えっ! 輪っかでっか?」

「そうや。見えへんけれどな。あの日から、はめた」

思わず頭を触ってしもうた。

それを見て阿闍梨サンはニヤニヤ笑いながら、

「まあ、いずれ分かる」

と、お得意のセリフ。

(要は、阿闍梨サンとオレが、三蔵法師と孫悟空みたいな関係になった、っちゅうことなんやな?)

得度して以来、輪っかの代わりに、オレは阿闍梨サンにもらった念珠を腕に着けた。この念珠がその後、徐々に効き始めていくことになった。

でも、当時のオレはクソ生意気に、

「オレは、輪っかがあってもゼニ儲けします。金があったら、お布施だってできますやん」

と、言い訳がましく言った。

そうしたら、

「それはお前の勝手やろ。したいからしてるだけやろ」

と、にべもない。

「そんなことよりも、なんでお前はここに来るんや？」

「気持ちええからですわ」

「何が気持ちええんや？」

「汚れた体を洗うみたいな感じやなあ。お寺に入るところに手を洗うとこありますやん。そこの石盤に『洗心』だか『心洗』だか、どっちから読むのか知らんけど、彫ってあるでしょう？　手はそこで洗うけど、ここやと全身を洗った気分がするんですわ。その御礼でお布施するんです。利害関係ですわ」

一事が万事、オレの発想は「損得」「敵味方」「貸し借り」「利害」に凝り固まってた。そして、山を下りたオレは有言実行、ゼニ儲けに邁進《まいしん》。聖と俗の間を行き来してるような感じやった。

ところが、その聖と俗を行き来するうちに、いつしか金に対する執着が緩んでいく自分がおった。

「ぺんぺん草も生えない」と言われ、「鬼」呼ばわりされた未返済金の取り立て、いわゆる〝追い込み〟も甘くなっていく。「引いたら負け」を信条に、夜中だろうがどこだろうが追いかけ回していく自分を強さの表れだと思っていたのに、念珠が目に入ると詰めが甘くなってしまう。

「まあ、今日はこんなところでええやろ」

その気の緩みから夜逃げされ、未回収金も増えてきて、従業員たちも、「社長もあかんな」と敏感に察知し始める。

そして最終的には、借金の返済を助けて一つの会社まで任せていた男から、当時敵対していたヤクザと組まれ「あんたには退任してもらう。これからはオレたちが会社をやっていく」と謀反を起こされる始末。「なにくそ！」と思いながらも、左腕の念珠をじっと見て矛《ほこ》を収めた。

オレに輪っかをはめた阿闍梨サンに言われ続けてきた「むき出しの感情を表に出さない」「餓鬼・畜生にならない」ことを実践する場や、と思ったから。得度してから数年後に訪れた正念場やった。

それから徐々に金儲けの世界から離れていった。すると、自分の感情をコントロールできるようになって、威圧や嫌がらせではなく知恵や法律を使って対応することを覚えた。怒りや憎悪といった負の感情を転換するコツも分かっていった。

ただ、自分が人間らしくなっていくことに歩調を合わせるように、いくつもの事業が傾いていき、それまで関わっていた人たちも遠い存在になっていった。

あの頃のオレは、金があれば人が集まり、人を知ることができると信じ込んでいたけれど、逆だった。今なら分かる。人を知ることで人が集まり、生きたお金が使われるんや。

なんでオレを先達《せんだち》にしたんですか？

「何も知らんヤツだからや。
無知なるがゆえの愚行がええんや。
知ってたら遠慮する。
知ってることが邪魔になる。
なんでも知ることがええのと違うぞ」

慈覚大師の足跡を訪ねる東北巡礼にオレも随行することを伝えると、阿闍梨サンから「先達《せんだち》で歩け」と指名を受けた。

先達は、唯一、阿闍梨の前を歩く者のこと。二十メートルほど前を歩いて、常に安全を確保する役目。後ろを振り返らず、二メートルを超す長い杖の鈴の音を背中で聞きながら、付かず離れずの距離を保たないといけない。

各地のお寺に立ち寄る場合に、「間もなく阿闍梨様の到着です」と先触れするのも先達の仕事。

そんな役目をなぜオレに？　と実はずっと疑問だった。でも、理由を聞けないまま歩き始め、歩きながらも考え続けとった。

（通常ならば、弟子の中でも跡目と目されるような人が務めるんやろうけど、常識にとらわれない阿闍梨サンのことやから、何か意図があるはずや）

阿闍梨サンの真意を知りたかった。

「なんでオレを先達にしたんですか?」

阿闍梨サンは一言、こう言った。

「お前だから、ええんや」

「どういうことですか?」

「何も知らんヤツだからや。無知なるがゆえの愚行がええんや。知ってたら遠慮する。偉い人がおると遠慮する。知ってることが邪魔になる。なんでも知ることがええのと違うぞ」

(ふーん、そんなもんかいな)

と思っていると、強烈な一言を阿闍梨サンは口にした。

「お前は、そこらのナマグサと違う」

(ナマグサ? 坊主のことか? 思わんでもないけど、そこまで言うんか?)

「お前は、そのままでええから、あいつらをよう見とれ」

とまで言われたら、こっちも俄然《がぜん》、力が入る。

「はい」

そうして一六〇〇キロの道のりを歩いて行った。それは、阿闍梨サンとの珍問答の旅でもあった。

各県境には、連絡を受けた天台宗の青年らが阿闍梨サンの到来に備えて待機していた。彼らの案内で地域の寺院に立ち寄る。地元の信者や檀家《だんか》さんらが座って拝む中を阿闍梨サン以下の一行が通っていく。

そのとき、出迎える僧侶たちをオレが仕切る。

「阿闍梨様のご到着です。どなたも頭を低くしてお迎えください」

そう叫びながら一足先に山門に入っていく。

なかには、直立のまま迎えようとする人もいる。身長の低い阿闍梨サンを立って迎えたら、見下ろす感じになってしまう。そのときに、「頭を！」と低頭の指示を与えることができなかったら先達としては役立たずや。

オレは、どんなに偉い大僧正や貫主であろうが阿闍梨サンの前では皆同じだと思っているから、「阿闍梨様です！」と腹の底へ響くように伝える。正しく言えば、威圧する。

一行は、わらじのまま上がらせてもらう。玄関で脱いでもらいたいと言われても、「決まりですので、このまま上がります。御所でも許されております。問題でしたら、何か敷いてください」と要求する。慌ててビニールシートを広げ始めるところもあれば、畳を裏返しにする寺もある。そこをわらじの阿闍梨サンが進む。

そういう対応のなかで、「ムッ」と嫌な顔をする古刹《こさつ》の住職に器の狭量さを見たり、わずかな瞬間も逃すまいと一心に〝生き仏〟に祈る背中の曲がった老婆を目の端に捉えたりした。

行脚中は、阿闍梨サンの後ろに常時三十人から五十人が随行している。ある区間だけ共に歩く人たちもいて、入れ替わりではあるけれど、平均してそれくらいの規模になる。

そうすると、広い歩道がないところでは車道の端を歩くことになる。対向車に気を配りながら後方の安全を確保するのも先達の役目。正面からダンプが突き進んでくることもしばしばあった。そんなとき、オレはセンターライン側にあえて身を出して、後ろを守る盾になる。「パパパパパー!!」とクラクションを鳴らしながらダンプが左肩すれすれを通り過ぎても「引いたら負け」と思って決して避《よ》けない。

街中では自転車が危ない。四つ角で右から自転車が走って来ていたら、後方が到着するまで自転車を止めて全員を渡らせる。そして、急いで先頭へ戻る。

歩行者が集団で前から来れば、かき分けて通行スペースをつくる。

そんなことの繰り返しで何日も歩き続けていると、やっぱり先頭はしんどくなる。目では前を見ながら、意識は二十メートル後ろにあるというのは、緊張も半端じゃない。

ついつい、口から出てしまった。

「オレも阿闍梨サンの後ろを歩きたいんやけど」

それでも阿闍梨サンは、

「アホか。前や！　お前には修行やないか。ワシを守るのがお前の使命や」

と聞き入れてくれない。

得度した身ではあるけれど、満足にお経も唱えられへん、出家してるわけでもないオレに、生きるか死ぬかの行道の一端でも触れさせたいという阿闍梨サンの心遣いだったんやと思えたのは、ずいぶん後になってから。そのときは、しんどい、しんどい、としか思えなかった。

そんな気持ちを紛らわせるために、一日の行程を終えて宿に着けば、夜な夜なこっそり酒を飲みに出かけ、明け方に帰ってくることが多くなっていった。そして、翌朝から、酒の抜けきっていない体で、フラフラと歩いていく。

すると、後ろから、「まっすぐ歩け！」。阿闍梨サンの叱責《しっせき》が飛んでくる。

「分かっとるわい！」と一人、前を向いて毒づいて、しばらくはまっすぐに進んでいても、酒が抜けきるまではフラフラが続く。

（もう今夜は飲まんとこ！　いや、飲まずにやってられるかい！）

半端な人間の決心はコロコロと定まることがない……。

信仰心ってなんですか？

「先祖代々のお墓とか供養しているところに
育まれていくものや。
『生きている』ではなく、
『生かされている』
と思えば信仰は背骨になる。
信仰という背骨は、
生きていくことで血となり肉となる」

そもそも、信仰とか信仰心っていうものがオレにはよう分からんかった。

神仏に手を合わせる、という形は知ってる。いろんなお経があることも知ってる。でも、信仰とか信仰心と呼ばれているその「心」がどんなことをいうのかは分からん。分からんから、余計に気になっていた。

東北巡礼の頃、オウム真理教のさまざまな事件も記憶に新しく、加えて白装束の新興宗教団体も事件を起こして、世間は〝白い服を着た怪しげな集団〟に過敏になっていた。

白装束の阿闍梨一行も同様。一般の人たちの中には阿闍梨が何者か知らない人も多く、道中、奇異な目で見られることもあった。

でも、怪しげな宗教団体であれ、伝統的な宗教やその信者であれ、信仰心という点は共通する。

「阿闍梨サン、信仰心ってなんですか？」

直球を投げた。

「人間は身勝手な動物や。だから、その時々に神様や仏様に自分の都合のええように祈願する。都合のええ取引をしてるみたいなもんや。

でも、信仰心っていうのは、先祖代々のお墓とか供養しているところに育まれていくものや。今日はこっち、明日はあっち、その時々の都合によってあれこれ手を出すんでは信仰心は育たん。

もう一つ大事なことは、『生きている』ではなく『生かされている』と思えば信仰は背骨になる。分かるか？　頭から尻までつながってる背骨をしっかり育てるんや。それが信仰というものの中味や。そして、信仰という背骨は、生きていくことで血となり肉となる」

（ふーん、信仰は背骨か。でも、そんなん、人に見せるもんでもないやろしなあ……）

そんなことを思って、質問を重ねた。

「そしたら、墓があって先祖供養をやってたら、それでええんと違いますか？　あえて宗教とか信仰とかいらんでしょう？」

「お墓は一つのよりどころや。先祖があってお前がおるんやからな。そのお墓に手を合わせる気持ちが信仰心の表れや。だからというて、お墓があれば信仰心が育つわけではない。まず己の信仰心があって初めて墓前に手を合わせる姿が生まれてくるんや。

お前の言うのは、形だけでもええって話やろ？　信仰心が人を人たらしめることを忘れるな」

「オレは子どもの頃はカトリックの教会によう遊びに行ってたし（あめ玉くれるから）、地元の夏の地蔵盆のときもあちこちのお地蔵さんに手を合わせてた（お菓子もらえるから）。教会には墓地もなかったなあ。お地蔵さんも個別の墓ではないし。それでも皆、手を合わせてるやん。あれも信仰でしょう？　墓すらも、いらんのじゃないですか？」

「屁理屈言うな！　あのな、お地蔵さんは命を見守る道標《みちしるべ》や。歩いて移動した時代は、その土地土地を安全に旅ができるように祈ったんや。大勢の人が祈った念がこもってるから意味があるねん。

　その道は先祖も通ったかもしれんし、子孫も通るかもしれんから、自分が手を合わせるときにそんなことも考えるやろ。それは信仰心や。

　天台宗は千二百年前に始まったけど、土地土地の信仰はその前からずっと続いてるものや。何かを信仰するっていう気持ちは人間に普遍なものやから、それは背骨になる。背骨があるから歩けるし座れる」

（分かったような、分からんような話やなあ）

そんなふうにオレは思いながら聞いていた。

それから二十数年後、還暦を迎えたオレは腰の脊柱管狭窄症《きょうさく》と頸椎《けいつい》の椎間板ヘルニアの手術をした。ベッドに寝たきりで天井を見上げながら、思い出しとった。

(阿闍梨サンの言うてたこと、これだったんや!)

腰から首まで固定されてしまうと、人間は何もできない。背骨が大事や、という当たり前のことを、苦痛と共に味わった。

身動きが取れない状態の自分を客観視しながら、「信仰心がなかったら身動きが取れない心になってしまう」ってことなんやと理解した。

背骨は人間を人間たらしめるものだったんや! と思ったときに、自分の背骨に手を合わせたくなった。命の前では、阿闍梨サンに突っかかっていた屁理屈も出てこない。

背骨が体の奥にしっかりと貫かれているように、「宗教」とか

「信仰心」もまた人の心の奥深くにあるものなんやな。あからさまに見せたり言うたりするものではなくて、黙って自分を支えてくれることへの感謝を自分が持てばええってことなんやろな。そして、そう気づいた自分自身の行いが信仰心のレベルに応じて表れているだけなんやな。

そんなこともベッドの上で考えていた。

だから、無信仰というのは、背骨が軟体化してる状態。行いがフラフラするのは当然や。

この歳になって、そんなことを味わうとは思いもよらんかったけれど、阿闍梨サンが「いつか分かる」と言うてたことがほんまにそうなった。この痛みや不自由さは、ええ勉強になったなあ、と心から感謝した。

ところが、分かったつもりになっていても、そこですんなりと免許皆伝とはならないのがオレの人生。体は「お前は、まだまだや」

と言うてた。だから、首は一年後に再手術することになってしまう。まだまだ世の中で修行しろ！　とオレのカラダ様が言うてたんやなあ。

その話を
他人に言うてもええですか？

「ダメや。
誰にも言うな！
まず、お前自身が理解してない。
同じ言葉が別の人に通じるとも限らん。
ワシは目の前のお前に言うてるだけや。
答えはそれぞれや」

オレは基本的に、誰が何を言っても、そのまま鵜呑《うの》みにはしない。鵜呑みにはしないけれど、理解できたら活用方法を考える。多くは、金儲けに使えるかどうかが判断基準。

あるとき、珍しくオレでも分かるええ話を阿闍梨サンがしてくれた。オレは、この話を誰かにも言うてみようと思った。オレの優越感がイメージできたから。

「阿闍梨サン、その話を『阿闍梨サンがこんなこと言うてたんやで』って他人に話してもええですか?」

するると、

「ダメや。誰にも言うな!」

と、瞬時に否定された。

「なんでですか?」

「お前自身が本当のことを理解してない」

「いや、今聞いてて分かりましたよ」

「違う。お前流に解釈したってだけや」

「それでもええんと違いますか？」

「ワシが言うたのは、目の前にお前がおるからや。お前に言うて、お前が自分流に思うのは、それはしゃあない。

でも、『阿闍梨が言うたから』と他人に話しても意味がない！」

「なんでですの？」

「同じ言葉が別の人に通じるとも限らん。

しかも、お前みたいに知ったことを他人にひけらかして偉くなった気分になりたがるヤツもおる。聞くほうも、理解でけへんことを鵜呑みにして、誤解も生まれやすい。

ただでさえ先入観を持ちやすいのが人間やのに、誤解されやすいお前が言えば、なおのこと人は違うほうへ解釈する。

もしも、お前が『人間』になったら伝えてもええやろ。でも、まだ『人間』になってないお前は、何も言うな。分かりもせんことを言うな！　自分が理解できないことを他人に言うのは不誠実や！　いろんな経験をして『人間』になって、自分でちゃんと分かってから言え。

それまでは、知ったかぶりをばらまいてることにしかならんやろ？」

「はい」

そうとしか言えんかった。

「お前との関係だからこんなふうに言う。他の人だったら、その人との関係のあり方で言うから別の話をする。話っていうのは、そういうものや」

「そういうもんですか？」

「そうや。はかりごとでもなんでも、大事なことは自分の内にしまっておけ。特に師弟関係では、ワシとお前の間でしかしゃべらんこともあるんやから、誰にも言うな。ええことも、なんでも、同じや。

お前が『お経で人が救えますか？』と聞いてきたときも、ワシはお前に対して『救えん』と言うたんや。だからって、それが他の人にとっての答えにはならん。ワシは目の前のお前に言うてるだけや。答えはそれぞれや。

ワシの言う意味が分かるか？　分からんから、そういうことを言い出してるんやろ」

「難しいなあ」

「ほらみろ。こういう話も分からんやろ？

ええか、子どもに話すのと、大人に話すのは、言い方が変わるやろ？　言葉はな、人それぞれに必要なものがあるんや。

それを、誰かから聞いたええ言葉やからとそのまま言うても、その人は消化でけへん。その人のためにならんことは毒でしかないってことや。

お前が尋ねて、お前に言うたことは、お前のためのもの。それを忘れるな」

聞いたことを他人にひけらかす「虎の威を借る狐《きつね》」がSNS社会ではどんどん広がってる。みんな、さも自分自身で発見したことのように情報を見せるけれど、誰かが言ったことを広めてるだけのものがほとんど。情報は溢れてるけれど、自分にとって本当に意味のあるものや経験や実感を伴うものではない。それは毒にしかならん。

もう一つ、阿闍梨サンが言わんとしたことは、言葉に囚われてしまいやすい人間の業《ごう》のことやと思う。言葉だけで分かったつもりになっていると、その先が生まれない。思考停止になる。だったら、何も言わないで経験するのを待ってみるとか、結論みたいな言葉よりも、行いの具体的方法を伝えるとか、人それぞれの対処をしたほうがええ。

言葉は、言葉そのものが大事なんと違う。行いに結びつかない言葉は単なる垂れ流し。阿闍梨サンの言ったことを反芻しながら、今そう思う。

「ワシとお前は『寸歩不離《すんぽふり》』、これを忘れるな」とも阿闍梨サンは言うてくれた。あとで調べたら、「片時も離れない間柄」と辞書に書いてあった。

（ああ、特定の関係においてのみ通じる世界や言葉が誰にでもあるんやな）

そう思った。

今、「日本駆け込み寺」でいろんな人の相談を受けながら、人それぞれの答えがあるということが分かる。むしろ、答えは人それぞれが持っているとも言える。

そのとき、その瞬間、オレと相談者は「寸歩不離」。

でも、相談が終われば、その関係はなくなる。それでええ。「一期一会」やと思うてるから。

東北巡礼中の酒井雄哉師と著者（写真／著者所有）

なんで仏像に手を合わせるんですか？

「守ってもらわんとアカンことが人間にはたくさんあるからや。
手を合わせて仏像を見るっていうんは、その目に向かって念を入れるってことや。
みんなが念を入れてきたその目に自分も念を入れるから仏像の目は光を放つ。
念っていうのは、字のごとく、『今の心』や」

「阿闍梨サン、お堂に不動明王が十いくつも並んどるけど、なんで不動明王だけ置いてあるんですか？」

「阿闍梨サン、なんでそれぞれ色が違うんですか？」

「阿闍梨サン、言うたら悪いけど、木を彫っただけのもんですやんか。何百年か前に有名な仏師が彫ったんやろうけど、今の技術だったら誰でも彫れるんと違いますか？」

「阿闍梨サン、仏さんって何がありがたいんですか？」

自分で言うのも変やけど、無知っていうのは恐ろしいなあ。平気で、そんな失礼な質問をしたことがある。

飯室谷の不動堂まで時間を見つけては通い始め、徐々に、周りに人がおらん頃を見計らっては阿闍梨サンを質問攻めにしとった。

阿闍梨サンは、人がぎょうさんおるときは、一般的な話しかせえへん。その理由が、人それぞれに必要なものは違うから、という理由だとも後に聞いて分かったけど、オレ一人のときには、この頭にも分かるようにと苦心しながら手を替え品を替え話をしてくれるのは、ありがたくもあり、嬉しくもあった。

〝お山〟へ行くようになった当初から興味があったのは、なんといっても不動明王。なんや分からんけれど、不動明王をじっと見てるだけで心が落ち着く自分がおった。大日如来の化身としてオレの悪事に睨みを利かせてくれる姿が、奇特な存在として映ったんやろうか？　不動明王を見たさに通ってたというても嘘ではないくらい惹《ひ》きつけられていた。

それでいて、「木を彫っただけのもの」などと口にしてしまうところが、オレの悪癖。

根本的なことが分かってないし、そういうことばっかりが気になるから、あるときはこんな質問をした。

「なんで仏像に手を合わせるんですか？」

こんなアホな問いかけにも、阿闍梨サンはちゃんと答えてくれる。

「守ってもらわんとアカンことが人間にはたくさんあるからや」

「オレは守ってもらうというよりも、『よろしゅう頼みまっせ』ってお願いするだけやけど……」

「不動明王というのはな、お願いしたらアカン。『守ってくださ い』やねん」

「なんでですか?」

「不動明王は業が強い。お願いなんてことしたら、命、取られる。お前で言うたら、商売が傾く。

『私はこういうことをやっています。それを守ってください』という自分自身の強い気持ちを持って向き合わんとダメや」

そんなことを聞かせてくれた。

「業の強さやったら負けへんけど」

と言うと、こう一言。

「お前のは悪業や」

ついでにもう一つ、気になってたことを尋ねた。

「なんで、不動明王は、あんな目をしてるんやろ？」

「手を合わせて仏像を見るっていうんは、その目に向かって念を入れるってことや。みんなが念を入れてきたその目に自分も念を入れるから仏像の目は光を放つ」

（念って、なんやのん？）そう思っていると、

「念っていうのは、字のごとく、『今の心』や」

（確かに、「今の心」って書くなあ。オレの今の心は、どうやったら商売がうまくいくかってことしか考えてないから、それを念じればええんやな）

そう思うてたら、また見抜いたように、

「お前は商売のことしか念じないやろ？」

と言われて思わず、

「そうです」

と肯定したら、

「それが悪業や」

と一刀両断。そして、

「じゃあ、お前はなんでお墓に手を合わせるんや？」

と阿闍梨サンに聞き返された。

「先祖供養でしょう？」

「せやろ！　じゃあ、先祖ってなんや？」

「自分のルーツやし、産んでくれた人。だからオレはこうして生き延びてるんやし」

「そうや。すでに生きてること自体が悪運が強いっちゅうことや。ワシは予科練の生き残りや。戦争に行く直前に終戦になって生き延びた。

そのとき思うた。先祖代々の根を絶やさずに生きてこられた。だったら、そこに眠ってる人に手を合わせるっちゅうのは当然のこと。

先祖には感謝の気持ちがあって当たり前なんや」

知ってはいたけれど、阿闍梨サンが自分の過去を語るのは珍しかった。

「だから、墓の前では感謝の気持ちを言葉に出せ！」

そうも言われた。

でも、オレは親や先祖にしゃべりたくはない。はっきり言うと、墓もない。

ただ、飯室谷不動堂に小さな不動明王像を八体奉納してる。それは、離婚した二人の嫁と五人の子どもたち、そしてオレ自身の墓代わり。不動明王に「お守りください」と念を入れて、手を合わせて安置した。

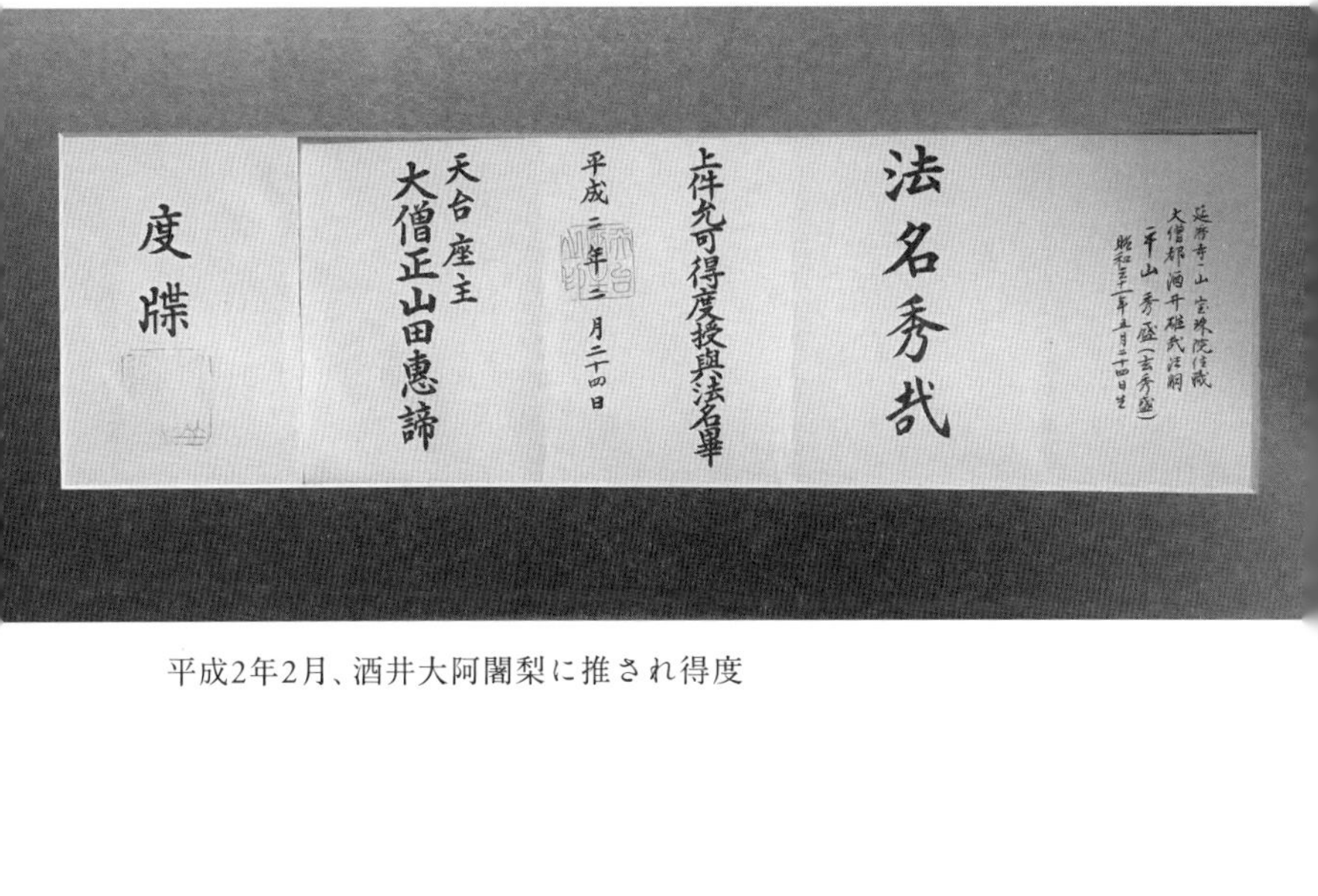

延暦寺一山 宝珠院住職
大僧都酒井雄哉法嗣
平山 秀盛（玄秀盛）
昭和三十一年五月二十四日生

法名秀哉

上件允可得度授與法名畢

平成二年二月二十四日

天台座主
大僧正山田恵諦

度牒

平成2年2月、酒井大阿闍梨に推され得度

金儲けは悪いことですか？

「いや、使い方の問題や。
金自体には綺麗も汚いもない。
稼ぐときよりも
使うときに綺麗か汚いかが出てしまう。
使うというのは何を買ったかではない。
価値を何倍にも高めた
使い方をしないとダメや」

「金儲けは悪いことですか?」

当時のオレにとっては、金がすべてだった。世間が「守銭奴《しゅせんど》!」とののしり、「金の亡者!」と唾を吐いても、痛くもかゆくもなかった。「持ってるもんが勝ち」という信念だった。

そやけど、阿闍梨サンといろいろ話をしてると、あまり価値のあることと思えんようになっていった。かといって、金のことを否定されたことはない。金に執着してることをチクチク突かれるだけ。

だから、ストレートにぶつけた。

そうしたら、

「いや、使い方の問題や」

と、あっさりした答え。

「使い方ですか? オレはキャデラックやロレックスに使《つこ》うてますねん」

「ふうん。何に乗っても目的地には着くやろ。何を腕にはめても時間は同じやろ」

「そうかもしれんけど、これがオレの使い方やから」

「だからお前が見栄っ張りやと分かる。

なんで見栄を張るか。それは、自分がないからや。人に見せつけてるだけや。

言うてみれば、ギラギラした刀を抜いたままにしてる状態や。お前はそれでええ気持ちなんやろうけれど、周りはそうは思うてへん。

そんなもの身に着けへんでも、己が価値ある男になればええんや」

「金の話をすると毛嫌いする人がおるけど、金って汚いんかなあ?」

「金自体には綺麗も汚いもない。十万円は十万円でしかない。そこに色は付いてない」

「阿闍梨サン、オレもそう思うんですわ」

「だから金はどう使ったかが問題や。金そのものが問題と違う」

「やっぱり使い方ですか？」

「そうや。稼ぐときよりも使うときに綺麗か汚いかが出てしまう。使うというのは何を買ったかではない。それは所有の話や。物欲の世界。そうじゃなくて、価値を何倍にも高めた使い方をしないとダメや」

もちろん、そんなことを聞いてすぐに頷《うなず》けるようなオレではなかった。「価値を高めた金の使い方」が何を言うてるのかも理解できなかった。

東北巡礼中にも、宿でぐったりしてるとき、唐突に言われた。

「金になってるか？」

（歩いてるやんか！　仕事も社員に任せ、ハンコも預けてきた。連絡もしない。そう決めたから歩けてるんやんか！）

疲れもあって、「金には、なってないですよ」と憤慨しながら言い返した。

「預けてきた会社、気になるやろ？」

「気になりますよ。でも、歩くのに精いっぱいで、足も痛いし、他のことは考えられへん」

「ええことや。それを『無心』と言うんや」

（なんも考えられへんようになるのが「無心」なら、泥酔してても同じやんか⁉

無心になったら隙だらけになるんちゃうかいな？　それは敵に好都合なことやろ。あかんな、無心になったら）

万事がこの調子やった。

金だけでなく、名前の使い方についても言われたことがある。

阿闍梨サンのところには、政治家も芸能人もプロスポーツ選手も全国のヤクザの親分もやって来た。

阿闍梨サンは日頃から、「来る者、拒まず。去る者、追わず」の態度の人やったから、誰が来ても相談に乗ったり、話をしていた。

「阿闍梨サンは、有名やもんなあ」

「なんでワシが有名なんや？」

「名が売れてますやんか」

「名が売れると、何かええこと、あるんか？」

「儲かりますやん」

すると、例によって、

「お前は、アホか！」

と返された。

「有名がええんやったら、人殺しで新聞に出るか？」

有名人という名前やその肩書にとらわれることを阿闍梨サンは戒めようとした。

「一芸に秀でている人――一芸って分かるか？　一つのことを徹底的に極めた人のことや。それが行きつく先として、たまたま名前を知られただけのこと。でも、たまたま無名でしたという人もおる。

そういうことにこだわるもんと違う」

それを聞いて、ちょっとムキになって言い返した。

「オレは有名でもないけど、無名でもない」

（オレは孤高の存在や！）

有名、無名を超えてる存在やという自負があった。

すると、

「強いて言うたら、お前は『悪名《あくみょう》』やろ」

「悪名、ですか？」

「そや。でも、悪名かて使いようや。その使い方も、そのうち分かるやろ」

と、例によって煙《けむ》に巻くような言葉をもらった。

（悪名？　勝新太郎の映画か？　その使い方？　やっぱ、オレは刑務所入るんかな？）

でも、そうはならなかった。行きついたのが「日本駆け込み寺」

だった。阿闍梨サンに評してもらった「悪名」が、なぜか駆け込み寺をつくった。金にあくせくしていたあの頃に比べれば、進化・発展をしている自分に気がつく。

「一つのことを徹底的に極めた人が行きつく先として、たまたま名前を知られただけのこと」という阿闍梨サンの言葉を、今は実感できる。

（阿闍梨サン、金も悪名も、使い方が分かりましたよ。磨き続ければええんですね？）

なんでいろんな人に会うんですか？

「人は会わんと分からん。
見たら、人が分かる。
いっぺん上に登って見てみい。
慈愛っちゅう眼《まなこ》で見てみい。
来る日も来る日も待ち続けて一週間咲く。
これを何十年とか百年とか、
一本の木が続けてるんや」

阿闍梨サンは、オレみたいな人間とも会うし、裏社会の親分が来れば会うし、ローマ法王とも会う。忙《せわ》しないなあ、と思ってた。

「なんで、そんなにいろんな人に会うんですか？」

別に儲け話をするわけでもないのに、しょっちゅう人と会って話をしてる。なんの得になるんやろ？　相手も、なんのために来るんやろ？　と思って聞いてみた。

そうしたら、シンプルな答えが返ってきた。

「人は会わんと分からん」

（ふーん。まあ、そらそうや。でも、会ったからって何になるんかいな？）

「分かって、どうしますの？」

「見るだけや」

（見るだけのために、バチカンまで行ったんかいな⁉）

「見たら、どうなりますの？」

「見たら、人が分かる」

「分かって、どうしますの？」

「どうもせん。あとは自分の中や」

そんなことを尋ねていたオレ自身が、今では「とにかく、いっぺん来てみいな。会うと分かる」と言うてるし、講演も実際に聴衆の顔を見てからでないと、具体的な話の内容も決まらん。

ただ、そのときは、下衆《げす》な根性でもっと聞いた。

「でも、ローマ法王は、やっぱ違いますか？」

「いや、普通の気さくな人やで。ちょっと言葉が通じへんけどな（笑）。でも、見たら分かる。優しい方やで」

（なんやねん。普通の言葉でしか言われへんのかいな、あれだけの世界的宗教者を。きっと何かを極めた人のはずや。そこを言うてほしいのに）

「オレなんか、チョー期待してしまうけど」

「お前は、下から見上げる下賤《げせん》な見方をしてるやろ？　いっぺん上に登って見てみい。慈愛っちゅう眼《まなこ》で見てみい」

（確かにオレは、「何か落ちてこないかな」と見上げてる）

「何か落ちてきたら儲けもんですやん」

「だから現象に囚われてるって言うんや。お前は名誉には興味ないみたいやけど、物欲とか仕事のネタ探しばっかりや。なあ？」

「そらあ、楽したいですしね」

「楽したいというよりも、遊んでるんやろ？　オモロイことないかと探してるな？」

「うん？　遊んではないですよ。必死です」

「そうか。でも、ワシから見たら、お前は遊んでる。それをじっと見てるワシを忘れるな」

（じっと見てるって、師と弟子やぞ、ということなんやな？）

何かあるたびに、阿闍梨サンは「ワシを忘れるな」と言った。

「思い出せ」ではなく「忘れるな」。

だから、何かしようとすると、阿闍梨サンの顔や言葉を思い描いて考えるようになる。

今思えば、阿闍梨サンの言った「見たら、人が分かる」はまったく正しい。顔を見れば分かるし、目を見れば分かる。立ち姿や話し方、ドアの出入り、会話中の目の動きでも人が分かる。

日本駆け込み寺でも、相談の電話がかかってきたら、なるべく来所してもらうように勧めている。その理由は二つ。

人は、肩書や家庭内の役割で自分というものを限定してしまって、苦しくなっていることが少なくない。また、そういうふうに世の中の人も見ている。

だけど、素の自分が健全でなかったら息苦しさは消えへんし、その素を引き出すのも相談を受けることのなかには含まれる。

だから、相手と「魂で出会う」ために直接顔を合わせる場が必要。

自分も相手も魂で触れ合う関係にならないと、表層的な相談業務にしかならない。誰かの魂にぶち当たったら問題が消えてしまう事例は山ほどある。

さらには、「受けて立つ」というこちらのスタンスをしっかりと持つためにも人と会うことは避けられない。相談を受けるほうも人間だから、その全身全霊を相手に感じてもらうことで、「自分のために真剣になってもらっている」という熱が伝わる。

「人と会う」と言うと、普通は、その会ったときだけのことを考えるけれど、阿闍梨サンは桜の花のたとえ話をしてくれた。

「桜が咲くのは、一週間くらいやろ？

でもな、それ以外の日も桜の木は年中、花の咲く日を待ってるんや。

お前には、それが見えるか？

来る日も来る日も待ち続けて一週間咲く。

これを何十年とか百年とか、一本の木が続けてるんや」

蟬《せみ》だって、木に止まって鳴いてるのは一週間とか十日間やけど、それ以外の時間も木の根や土の中で生きてる。

人間同士が会うまでにもそれぞれの時間を過ごしてきたわけやから、「出会い」というときには、当然その背景も含んでの出会いになる。

だったら、なおのこと、今の肩書なんかどうでもええし、そんなもので人を判断することはなんの意味もない。

逆に、過去にどんなことをやっても、やり直しはきく。

日本一の売り上げを誇る企業の経営者にも会《お》うたし、近所のホームレスとも飯食ったことあるし、大臣だって日本駆け込み寺の事務所にやって来る。そうしてやっぱり思うのは、「人は、会えば分かる」し、「みんな普通の人」ということ。

阿闍梨サンの言ったことは間違っていなかった。

経典、輪袈裟、酒井大阿闍梨から譲り受けた数珠が、
「一日一生」の生き方を支える

「一日一生」って
どういうことですか？

「人は毎日、生まれ変わっとる。
だから、良きにつけ、悪《あ》しきにつけ、
すべて今日で終わりや。
今日が始まったときに、
今日ですべてが終わる気持ちで日々生きろ。
朝起きれば、それが新しい誕生や」

阿闍梨サンは、よく「一日一生」という言葉を口にしていたし、求められて色紙に書いたりもしていた。

今では、オレの座右の銘にもなっているこの「一日一生」も、かつてのオレには縁遠い言葉でしかなかった。

でも、そう思いながらも気になっていたことは確かで、だから、ご多分に漏れず、屁理屈をこねながらも問うてみた。

「いつも言うてる『一日一生』ってどういうことですか？」

「人は毎日、生まれ変わっとる。朝起きて、夜は寝るやろ？　生きてるのはその間だけや。

だから、良きにつけ、悪しきにつけ、すべて今日で終わりや。どんなことでも明日に持ち越す必要はない。

明日という日はないかも分からん。だから、今日が始まったときに、今日ですべてが終わる気持ちで日々生きろ。

ただし、今日やったこともやらなかったことも、明日につながる。

それは今日の時点で決まってしまったことやから、明日じたばたしてもなんにもならん」

そんなことを聞かされた。

おおかたの人間は、昨日のことを引きずって、毎日いろんなことを積み残して翌日を迎えてる。だから、過去のことをいつまでも悔やんだり気に病んだりして、すっきりした気持ちになられへん。オレ自身も、そんな生き方だった。

でも、阿闍梨サンは、「今日は今日で終わり、明日は明日として始まる」ことを言った。

「山を歩くやろ？　一日歩くと、わらじはもうボロボロになる。

そして、次の日は新しいわらじを履いて歩き始める。

もし、自分がわらじやったら？

そう思うたら、今日のワシに明日はないんや」

時間が経つにつれて、これは生き方の極意やと思うようになった。

オレもそうやったけれど、過去に囚われて「今」を十分に生きていない人や、未来を不安に思って上の空になっている人がなんと多いことか。

「『一日一生』っていうのは、言い換えると『今を生きる』ってことや。

人間は、過去も未来も生きていない。生きているのは『今』だけ。その『今』をおろそかにすることほど人生を無駄にするものはない。だから、朝起きたときに『よし！　オレは今日生まれた！』と言うてみればええ。それを自分で言い、自分の耳で聞いてると、日々の完全燃焼の仕方が体に馴染《なじ》んでくる。

いちばん変わるのは、今日のことは今日のこととして受け入れられるようになる。『これは嫌だ、あれは嫌だ』と選《え》り好みする姿勢が『これも今の出来事なんや』と思えるように変わると、好きも嫌いもどうでもええ、という心境になる」

阿闍梨サンはそこまで言うてくれた。

要は、「一日一生」を生きようとする心とは、「囚われない心」

「執着しない心」なんやな。

阿闍梨サンはオレに、よう言うてた。

「欲の深い人間は、欲という執着こそが自分を自分たらしめている

〝こだわり〟やと思ってる。

でも、それは単なる自分自身の決めごとでしかなくて、誰も共感

してない。だから、執着する者ほど孤立していくんや」

と。

でも、欲に執着してる自分の姿にオレは気づくはずもなかった。

執着がなくなっていくと、どんな人も受け入れることができる。

また、自然とその雰囲気が醸し出されるから、いろんな人が集まっ

てくる。その現実を、オレは見ていながら分かってはいなかった。

阿闍梨サンのところにたくさんの人が集まって来たのは、阿闍梨サ

ン自身の「一日一生」の生き方があったからなんや。

「日本駆け込み寺」で相談を受けていると「変わりたい」と言う人がたくさんいる。ところが、変わり方が分かってない。分かってないのに「もう方法がない」と思い込んでる。そう思うなら、もうない。あると思うなら、まだある。「一日一生」を生きていると、明日は今日とは違う方法が必ずある。

だから、「一日一生」は、自分で始末をつけることを促す。

阿闍梨サンは言うてた。

「お前、明日のこと分かるか？」

「分かりません」

「そうやろ？　そしたら、明日は金が入るやろか？　と未来の心配なんかするな。そんなんを心配するから今の満足に気がつかんようになるんや」

（確かに、そのとおり。でも、今の満足よりも明日の金、ってこともあるはずやろ?)

その心の声を見透かすように、阿闍梨サンは付け加えた。

「『今』のことをやれんなら、挨拶から変えてみぃ」

「どういうことですか?」

「『おはようございます』って自分のほうから挨拶すると、相手も必ず返してくれる。これが昨日と違うこと。昨日と違う自分が出てくると今日が変わる」

また、あるときは、

「起きたときに深呼吸して、空気を吸うと、『ああ、今日も生きてるなあ』って実感するやろ? 分からんか? なら、やってみぃ。

そして、眠る前に、『神様、仏様、ありがとうございました』と心の中で言うてみぃ。自分もこれから神様、仏様のところへ帰るんや、という気分になる。

そして、朝起きれば、それが新しい誕生や」

とも語ってくれた。

オレは、その時々の言い方を聞きながら、阿闍梨サンの言葉を自分の細胞に刻んでいった。

有名人を惹きつけるコツはなんですか？

「お前には『有名』って見えるか？
ここはな、
仏の世界やから、魂は皆一緒や。
だから、
ジャガイモが並んでるのと同じや。
お前は下界を引きずって見てるんやな」

しだった。

「どっちが偉いんですか？」

オレの阿闍梨サンへの質問は、初《しょ》っ端《ぱな》から飛び抜けてアホ丸出しだった。

阿闍梨サンに会ったのは平成元（一九八九）年十月二十七日、「阿闍梨様に会いに行きませんか？」と知人のご婦人二人に誘われて、運転手を買って出たときだった。

ゴールドのキャデラックで神戸から飛ばして、比叡山坂本の山道を駆け上がっていった。

そこに、小さなおじさんがおった。お手伝いの人かな？　そう思ったら、「阿闍梨さま～」とご婦人方が声をかけた。

（この人か⁉　あんまりオーラも感じへんなあ）

それが第一印象だった。

座敷に通されてお茶を飲みながら、ふっと目を向けると阿闍梨サンの座る両サイドに何やら拓本みたいな書が掛けてあった。

分かる字と分からん字があるけど、どうやら人の名前らしいとは思った。

（たぶん、どっちも偉い坊さんなんやろな。聞いてみよかな）

そんな軽い気持ちで聞いたけど、阿闍梨サンはニヤッと笑っただけで答えなかった。

（なんや、阿闍梨サンも知らんのか）

後に、片方は「最澄《さいちょう》」、もう片方は「伝教大師《でんぎょうだいし》」だと聞かされ、それが同じ人物だと教えられたとき、あのときの光景が浮かんできて、久しぶりに穴があったら入りたい気分を味わった。

そんなオレだから、何年経っても怖いもの知らずでズケズケと聞いた。

「阿闍梨サンとこには有名人も来てますやん？　惹きつけるコツはなんですか？」

「そうか、お前には『有名』って見えるか？」

「いやいや、そうですやん」

「ふーん。ここはな、仏の世界やから、魂は皆一緒や。だから、ジャガイモが並んでるのと同じや」

ほんまに阿闍梨サンは、そう言い切った。そして、

「お前は下界を引きずって見てるんやな」

と指摘されて、

(へえー、オモロイやんか)

と感心した。

護摩焚きの日には、いろんな人がお堂に集まって手を合わせてる。国籍も宗派も職業も無関係に阿闍梨サンとこにやって来る。誰もが無我夢中で祈る。その姿は、確かに下界ではなかなか見られへんなあと、履物をそろえたり、座布団を並べたり、お茶を出したりしながら思うとった。

でも、まあオレも天の邪鬼やから、素直には尋ねへん。

「皆、無我夢中で祈ってはったけど、夢中って『夢の中』ですやろ？　現実は夢の中っちゅうことはないですよね？」

「お前はほんまにどう解釈してるんか分からんけど、ようそんな屁理屈をこねるなあ。

あのな、無我夢中って、それこそ一生懸命ってことや」

「いや、オレかてそれくらい分かってますよ。オレが言いたいのは、夢の中みたいなことじゃあ足元を掬《すく》われるってことです。しっぺ返しされますやん。現実の一生懸命が大事でしょ？」

（無我夢中もええけど、それだけやったらバランスが悪いし、付け入る隙を与えるし、冷静に見てないとあかんやろ？）

「それがお前らの生き方なんやろなあ」

半ば呆れたように声を出した。

「損得の尺度で見て生きてるんやろ？　金貸した、借りた。それで儲けた、損した。そうなんやろ？」

「阿闍梨サン、言うてましたやん。『人生は借り物』って」

「アホか。そういう意味と違う。屁理屈言うな！」

「だって、人の意見聞いたって、そいつらは責任取りまへんがな。だったら自分の考えだけでやったほうがええ。だから、一生懸命どうのこうの、無我夢中どうのこうのじゃなく、あくまで自力の世界ですやん」

「まだ、お前は分からんからな」とほくそ笑んだ阿闍梨サンは、どこかへ行ってしもうた。

まあ、だいたい、話が終わるときって、そういう感じやった。

（オレは真剣に思うたことを言うてるだけやし、真剣に考えるから質問も出てくるんやけど、バカにされてんのかな？　それ以前の鼻にもひっかけんレベルなんやろか？　もしかしたら、かわいいやっちゃと思うてるんやろか？）

そう思いながらも、また別の日には言葉尻を捉えたようなことを聞いていく。それが駆け込み寺を立ち上げた四十六歳まで十三年間続いた。それ以降も時々〝お山〟を訪ねては会話をした。

「歌舞伎町で駆け込み寺を始めます」

と報告したとき、

「そうか。お前はそこでやれ。ワシはここでやる」

と言われた。

なんとなく、認められた気がした。

そして、いくつかの掛け軸や書をもらった。「不動心」「道」「一日一生」……有名人の阿闍梨サンやったから、そのうちの何本かは事務所の家賃として消えてしもうた。

阿闍梨サンが亡くなったのは平成二十五（二〇一三）年九月二十三日。比叡山延暦寺の千日回峰行を二回満行。天台宗北嶺大行満大阿闍梨。大僧正。比叡山一山飯室谷不動堂長壽院住職。経歴としてはなかなかのものやと思うけれど、オレは死後一度も墓参りに行ったことがなかった。墓の場所さえ知らんかった。

ところが、亡くなって五年目のこと、たまたま関西に用事があってスタッフと一緒に出かけた帰り、兄弟子の藤波源信《ふじなみげんしん》大阿闍梨を飯室谷不動堂に訪ねた。「元気ですか?」程度の挨拶のつもりだった。そのときはすっかり忘れていたけど、その日が阿闍梨サンの命日だった。

そう言われて、普段着ることの少ないスーツで行っていたことも不思議でしかたなかった。お墓の場所を聞いて手を合わせに向かった。初めての墓参り。罰当たりな弟子。同行したスタッフは「阿闍梨サンに呼ばれたんですよ!」と言ったけれど、亡くなっても不遜な弟子としては、「阿闍梨サンの言葉が血肉となったんや」と独りごちた。

生きる意味ってなんですの？

「生きる意味とかは関係ない。
価値が問題や。
人間の生きる価値は『行い』や。
奪って生きてる自分が
与える生き方に変わったら、
心の不安がなくなって、　安寧がやってくる」

何から、そうなったのか経緯は思い出せへんけれど、「生きる意味」について阿闍梨サンに質問したことがあった。

「生きる意味ってなんですの？

人間が生きるって、どういうことなんやろ？　それ以前に、『人間』って、どういうものなんやろ？　『人間』って言える基準が何かあるんやろか？

『人の間』って書きますよね？　でも、人の間のことなんか分かってへんし、もういろんなヤツが同じ人間の中にはおりますやんか。殺すヤツもおるし、殺されるヤツもおるって、両極ですよね？

人間がいちばん訳が分からん生き物やなあと思うんです。そう言うオレも人間やけど」

そうしたら、阿闍梨サン、こう即答した。

「生きる意味とかは関係ない。価値が問題や。

人間の生きる価値は『行い』や。奪って生きてる自分が与える生き方に変わったら、心の不安がなくなって、安寧がやってくる。

いつも奪ってる人間は、いつ奪われるかと戦々恐々としてる。だからまた奪おうとする。そして、ますます奪われるかもしれないと不安が募って、いつまでも心が満たされん。奪って自分のものを増やすことが生きてることやと誤解してるからや。

与えることが人間たらしめる要因でもある。奪うか与えるかが人間としての価値を分けるんや」

風呂の失敗談のときにも、「与える」ことの話をしてくれた。

あるとき、オレが風呂を沸かした。阿闍梨サンの好みの温度は四十三度。でも、そのとき、オレは間違えて四十度くらいで阿闍梨サンに入ってもらった。気がついたのは、阿闍梨サンが出られてから。

「阿闍梨サン、間違えました。すみません」

そう詫《わ》びると、阿闍梨サンは事もなげに言った。

「いや、ようぬくもったで」

怒られても当然なのに、何も叱責されんかった。

「でも、ずっとこうせんとあかんかったでしょ？」

胸のほうにお湯をかき集めるしぐさをしながら、阿闍梨サンに問いかけた。

すると、阿闍梨サンは首を振って言った。

「違う！　自分に、自分に、と集めるもんじゃない。前に送る、相手のほうに与える。『人さん、人さん』ってやってたら、自分の背中がぬくもってくるんや」

（そんなもんかな？）

「何を言うてるか分かるか？

人の背中をぬくめよ、ってことや。背中をぬくめてあげたら、人はええ気持ちになるし、背筋も伸びる。

背中って大事やで。背中を見たら、その人が分かる。それは、行為の後を表してるからや。

前面《まえづら》のええやつほど、疑《うたご》うてかかれって言うやろ？　前のほうはどうにでもごまかせる。本当にやったことは後ろ姿に出るもんや」

（ほお、なるほど！）

「言い換えたら、背中っていうのは自分の歩いた道や」

「ふーん。なんや、難しいなあ」

「どこが難しいんや？」

「たとえば、阿闍梨サンにとっては『仏』っていうのは理想像としてイメージが浮かぶんでしょ？　でも、オレがイメージできる人間らしい人間像っていうのが思い浮かばんのです。

なぜなら、下界は阿闍梨サンが言うように奪い合いの世界ですやん。そこで人間の理想像は見つからんのですよ。ここへ来るからまだ心が休まるけど、下りたら、またガサツな自分に戻ってしまう」

「だから、奪う世界で与えてこそ本物や。与えるっちゅうのは、モノのことじゃないからな。お前とこうして話してるのは時間を与えてることになるし、安らかな気持ちを与えることだってできるやろ？　『一人でも多くの人が幸せになれますように』っていう念を与えることもできるんやで」

（確かに、阿闍梨サンがおってくれるから、オレは安心を与えてもらってるわけやからなあ）

　そうは思いつつも、へそ曲がりはつい言うてしまう。

「与えるって、いちばん必要なのは金でしょう？」

「いや、『光』や！」

「光？　光ってなんです？」

「ふん。いつか分かるやろ」

（また、それかいな）

　そのときは、そういう会話で終わったけど、今思うのは「自灯明」という言葉。まず自分自身が己と向き合い、そうして灯《ともしび》となった自分が周りを安心させるということ。

「長者の万燈より貧者の一燈」と言うように、オレは貧者でもええからしっかりとした一燈を灯《とも》し続けることが、阿闍梨サンの言う「与える」だと思ってる。

だから、阿闍梨サンから薫陶を受けたその御礼を、駆け込み寺を通じて世の中にお返ししたいと思うてやってきた。お返しっていうのは、その相手にするものじゃなくて、他の誰かにするもんや。そうして、御礼の気持ちが巡っていくのが世の中を明るくすると考えてる。もう尋ねることはできんけれど、阿闍梨サンも「うん、それでええ」と言うんやないかな？

「授けられたもの」があるのだったら、それは誰かにつないでいくほうがええ。「あなたも自分のいるところで人助けをしてくださいい」とオレが言うのは、オレとあなたは駆け込み寺を通して出会ったのだから、つまり受け渡しをしたのだから、あなたも次の人へ何かを授けてくださいい、という意味。

「与えられ、与える」「救われ、救う」。駆け込み寺の真意はそこにある。

「空」ってなんですか？

「『無』っていうのは何もないことや。
『空』っていうのは、あるけれど摑めへん。
ソラは、いつも同じように見えてる。
明るくも暗くもなる。
そういう変化をするものやけど、
ソラはソラでしかない。
そのことを『空《クウ》』って言うねん」

「さっきのお経に『色即是空』って書いてありますやん？　『無《ム》』とか『空《ソラ》』ってお寺さんでは言うてますやん？　『空』ってなんですか？」

お経を唱えたあと、阿闍梨サンに尋ねた。

「ソラ？　ハハ、そら『クウ』のことやな」

「あれは『クウ』って読むんですか？」

「普通はな。でも確かにそうや、『ソラ』や。お前、ええとこに目エつけたな。考えてるなあ」

（なんや、間違《まちご》うて褒められるんかいな!?）

「そんで、『無』と『空』はどう違いますの？」

「『無』っていうのは何もないことや。『空』っていうのは、あるけれど摑めへん。でも、そこにはそのままある。だからソラでええんや」

「まあ、ソラは摑めへんもんなあ」

「大事なことの多くは、お前が言うたように、別の言い方をしてみることもできるんや。それが自分のもんになった、という証拠や。ところが、難しいことを言う人たちは、それができきん。『クウ』を疑いもなく『クウ』と読んでる。小難しいこと言うてても、自分では考えへんからや。でも、お前は違う。そこがええ」

（ふーん）

「お前、モノが欲しいやろ？」

「欲しいです」

「欲しいモノがモノとしてある。でも、それを我慢して手にしない。これは『無』ということや。執着をしないという状態になったら『無』。もっと言えば、我慢すら思わない状態。

この『無』の状態は訓練でできる。自分で超えていける。我慢する元になっているモノそのものが、もともとは自分の前にはなかったんやから、言ってみれば『無』こそ本来や。

ソラは、いつも同じように見えてる。明るくも暗くもなる。そういう変化をするものやけど、ソラはソラでしかない。そのことを『空《クウ》』って言うねん」

（さっぱり分からん。種田山頭火《たねださんとうか》が「無にはなれても、空にはなれない」って言うたように、やっぱり空は難しいんやろな）

「阿闍梨サン、『ソラ』の上って『天』ですやん。『天命』とか『天に任せる』とも言うし、『天』って、ある意味『運』みたいなもんでしょう？」

と思いついたままに聞いてみた。

阿闍梨サンは、そういう突然の質問にも表情一つ変えず、さらりと答えてくれた。

「『運』は『天』や。でも、『運』っちゅうのは、自分でやり尽くした者が言うことや。そこまでやってもおらんのに『運』を言い出すのは不遜や」

(「不遜」と言われたって「運」はええほうがええやろ?)

「オレは運がない男ですねん。運が欲しいんですわ。だから、運ってどういうことなんか知りたいんです」

「運がない?」

「計画通りにいかんかったり、思ってたことがいっつも逆さまになったり。だから、あれこれ願わんようにしようと思うんやけど、どうしても『こうなったらええなあ』と考えてしまうんです」

「どういうことがあったんや?」

「たとえば、三日後に百万円が入るっちゅう話があって、それをあてにして、『ようし、三日後に百万や』と思うてると、どんでん返しで話が吹っ飛んでしまうんです。借金の担保に車を取っていたときも、『どうせ返せへんやろ』と売り飛ばした途端に金持って『返してくれ』って言うてきたり。大事なことほど、そうなるんです。だから、最近は何も考えんようにしてますねん」

「そうか」

「なんで思い続けると叶わんのやろ？　それが、オレの運命なんかな？」

「棚からぼた餅みたいな期待とか、欲望にまっしぐらのお前の根性とか、楽なことばっかり考えて儲けようとか、そういうのが邪魔してるんやろ」

「みんな『こうなったらええなあ』って考えへんのやろか？　オレの運だけが言うことききかんのやろか？」

「そもそもお前に運があるんか？」

「そらあ、人やったら誰だって運はあるでしょ？」

「お前は人か？」

「えっ？」

「人間らしいことしてるんか？」

「してますがな。商売だって、みんなしとるでしょ」

「何を一丁前のこと言うてるねん。お前にあるとすれば、それは悪運っちゅうやつや」

反論するとおおかた一刀両断にされてしまう。

「確かに、悪運は強いほうですけど」

「運を気にしても、しゃあないやろ？　人間は、行いが結果。行わずして言うな。やれば分かるんやから。

頭が良すぎて、分かったつもりで何もしないヤツは何も分からん。なんでワシが歩くんか、お前、分かるか？　歩くことで己が分かるんや。

だから、お前も歩け！」

（一緒に歩いてますやん。でも、歩いてほんまに自分が分かるんかいな？）

「でも、普通は行う前に考えますよね？　こうやったほうが得するやろなあ、こうすると損するやろなあ、とか」

「まあ、お前が思うとおりにやったらええわ。お前のええとこは、勉強してないところや。だから、いつも直球や。いつも疑問符や。

でも、みんな口から先に生まれたんか知らんけど、理屈で考えようとする。お前のようだったらええのにな」

（今度は褒めるんかいな？　勉強せえへんほうがええって、やっぱ阿闍梨サンはちょっと人と違うなあ）

「時間」がいちばん大事なものじゃないですか？

「『時は人を待たず』や。
自慢したいええ思い出も、逆に思い返すのも嫌な過去かてあるやろうけど、
それはそのときに必要やったんや。
時間は大事やけど、
どこまでも過去に囚われてるんやなあ。
不自由な生き方やなあ」

「会社経営しながら思うんやけど、経営資源は『人、モノ、金、情報』って言いますやんか。でもオレが思うに、人間にとっては、『時間』がいちばん大事なものじゃないですか？」

ずっと考えてきたことを、阿闍梨サンの部屋で二人のときにぶつけてみた。

それは、オレの哲学やった。人の二倍の時間働けば二倍稼げる。二人の時間を足せば二倍の仕事量になる。結局は時間を制する者が勝者やろ、というのがオレに染みついた成功の法則やった。だから確信を持って問いかけた。

ところが、阿闍梨サンの答えは、まったく意味不明。

「『時は人を待たず』や」

（禅問答か？　何を言いたいねん？）

間違いなく混乱した顔だったはずや。阿闍梨サンのほうから言葉を重ねてきた。

「なんで時間がいちばん大事なんや？」

「そらあ、時間をいかに使うかで金も増えたり減ったりしますやんか。同じ時間が与えられてるのに、他人の二倍にも三倍にも使う方法をオレは知ってるから儲けられるんです。

簡単ですよ。二人にそれぞれ社長をやらせて、そいつらと利益を折半すればええんです。そしたらオレは何もしないで同じ稼ぎになる。社長を何人つくっても、利益の五割はオレの懐に入るっちゅう計算です」

自信たっぷりにそう言うたのに、

「ふーん、そうか。お前は時間を金に換えてるんやな」

と言われた。それは、オレには批判的に聞こえた。

「当たり前ですやんか！　自分の生きてきた時間を評価するのは、金に換算したほうが分かりやすいでしょ？」

「そう思うのはお前だけや」

「みんなは思わないんかなあ？」

「時間っていうのは、金に換算できないことばっかりやろ？　経験もあれば人との出会いもあるし、思い出もある。今もこうやって話しているのも時間やろ？　なんでワシはお前と金にならんけど話してるんや？」

「そら師弟やから」

「都合のええときだけそんなこと言うな。

　ほんなら、ワシが歩いてばっかりなのは、お前から見たら意味がないってこっちゃな？」

「いや、それは阿闍梨サンの時間の使い方ですから」

　阿闍梨サンは、何か言いたそうな顔をしながら、なかなか言葉を発しなかった。オレにも分かるような言い方を探してたんやろうと思う。

　そして出てきた言葉が、

「過去は取り戻せん。過去はすべて自らの業や」

だった。

「取り戻せませんよ。オレでも知ってます。

ああ、そういうことですか、『時は人を待たず』っていうのは」

「そうや。自慢したいええ思い出も、逆に思い返すのも嫌な過去かてあるやろうけど、それはそのときに必要やったんや」

「自分で選んだことなら必要やったと言えるけど、そうさせられた過去もありますよね？」

「ある」

「オレはそれが苦痛で、でも子どもだからどうしようもなくて、早く大人になりたかった。そやけど、子どもを終わった後にも、中卒とか、在日とか、いろんな壁があった。でも、ここまでのし上がってきたんですわ」

自分の小学生から中学生時代を振り返って言った。めったに自分のことを言わないオレが、そのときは昔のことを少しだけ語った。

「そうか。でも、お前はその過去を背負って生きていくんや。お前自身、その過去を踏み台にしてきたやろ?」

「えっ?」

「お前はお前自身しか信じられへんやろ?」

「まあ、人は信じてへんですけど」

「そういうお前をつくったのはお前の過去や。それがお前の行動にも表れとる。

だけど、中卒とか、生まれがどうとか、過去の遺物で生きてるんか、お前は? 時間は大事やけど、どこまでも過去に囚われてるんやなあ。不自由な生き方やなあ。

でもな、そういう過去だからワシと出会ったんやから、その過去には感謝せな」

阿闍梨サンの言葉は、なぜか染み入った。

そして、こうも言われた。

「過去を脱ぎ捨てることもあるやろ。でも、それがいつなのかは、ワシにも、お前自身にも、今は分からん」

（ああ、いつでも捨てたる、こんな過去なんか）

そのときは、そう反発心を抱いた。自分の大事にしてきた自分、自分を信じる自分、それが囚われの元になってるということなら、いつでも捨てたろやないかという気分だった。

でも、人間は自分を捨てるということがいちばん難しいことやと、そのときは知る由もなかった。なぜなら、自分の囚われこそが自分そのものやと気づいてなかったから。

オレがずっと自信の根底にしてきたのは、「オレは生きてるんや！」という、まごうことなき現実。死んだら何もない。生きてる限り、なんでもできる。そう信じてるから、モノだろうが会社だろうが人だろうが、幾度となく捨ててきた。オレさえおればなんとでもなる、手放すことにためらいはない、執着なんかしてへん……つもりだった。

ところが、阿闍梨サンは、そういう気持ちを生んだ過去にオレが囚われてると言う。

「本来無一物」というきれいごとなんかとは無縁の、実感としての「無一物」をオレは子どもの頃に味わってる。親はいるけれど、親のあたたかさなんか知らん。食いたいものを食える環境もなかった。オヤジの気まぐれで転校ばっかりさせられて友達なんかつくれんかった。ことごとく無一物やんか、オレって。そういう現実世界を生きてくると、自分さえあればええんやという気持ちにしか到達せえへん。

(それにしても、阿闍梨サンって、オレの過去をよう知らんのに、どこまで見通してるんやろ?)

話をするほど不思議な人やという思いが募っていった。

右手と左手はどう違うんですか？

「右手は神聖な手、　左手は不浄の手。
それぞれが分をわきまえるってことや。
清濁を併せ持つから
人間なんやとも教えとるんや。
両手があれば水が掬えるから顔が洗える。
お前にも右手という良心がある」

手のひらをギュッと握りしめてると、古いものを捨てられへんばかりか、新しい価値観やチャンスを摑むことができない。手のひらは開きっぱなしでちょうどええ。

そんなことが感じられもしなかった三十代の頃、自分の手を見ながら、阿闍梨サンに尋ねたことがある。

「阿闍梨サン、オレの右手と左手はどう違うんですか？」

どうでもええことが気になるオレは、なんで手は二本あるんやろ？　使い方が違うんやろか？　と疑問やった。聞いたって得になる話でもないやろうけど、と思いつつ、なぜかそういうことは知りたがる。今でも、すぐにスマホを取り出して調べてしまう。

そのときの阿闍梨サンは、こう言った。

「右手は神聖な手、左手は不浄の手、って言うてるな」

「なんで区別するんやろ？」

「それぞれが分をわきまえるってことや」

「ふ〜ん。その両手が分をわきまえると、どないなりますの？」

「神聖な手と不浄の手は、清濁を併せ持つから人間なんやとも教えとるんや。生きてる間は清と濁を使い分けんと、お前みたいになるっちゅうことや」

「うまいこと言うなあ」

「感心しとる場合か！

　人の手は必ず汚れるもんや。でも汚れたら洗えばええし、洗うときにはやっぱり両手が必要になる。片方では汚れが取れんってことや。

　もっと言うたらな、清と濁っていうのは、欲と無欲、光と影、善と悪、とも言えるんや。それを両方持ってるから人間、それが世の中っちゅうことや」

「そしたら、欲と無欲、光と影、善と悪、っていうのが人間の中にあるってことなんかな？」

「そうや。でも、お前はまだ左手しか知らん。左手で何もかもできると言うてるけど、それは違う。左手だけでは必ず矛盾が生じてくる。左手で洗えるのは一部分。両手があれば水が掬えるから顔が洗える。今のお前には、それはできん」

（言うてる意味はなんとなく分かる。つまり、オレは心の汚れを洗う水すら自分では掬えへんって言いたいんやろ？）

そう思っていると、阿闍梨サンが話をおかしな方向に持って行った。

「お前は子がおるって言うてたな？　片手だけの自分の姿を子に見せられるか？」

「それは見せられへんなあ」

「嫁さんには？」

「嫁さんにも見せられへん」

「そのお前が後々は『先祖』になるんやで？　子にも見せられへん

ことをするんか？」

「……」

「それがお前の右手や！」

（なんのことや？）

そのときの「右手」の意味は分からんかったから、

「生まれつき片手しかない人もおりますやんか？」

と、あえて屁理屈をこねた。すると、

「その人らは、心の中に『両手』を持ってる！」

と一喝された。

分かりやすい言葉としてそのときに覚えたのは「両手があれば顔が洗える」だった。これがいちばん納得できる。

「お前かて、左と右の使い分けは自然とやってるはずや。それなのに子に見せられへんというのはおかしいやんか？

お前、嫁さんにも金貸すんやろ？」

「貸しません！　あげますよ」

「子には？」

「子にもあげますよ」

「なんでや？」

「なんでって、そら亭主やし、父親やから、当然でしょう？」

「当然だから、っていうのはちゃうねん。お前の良心がそうさせてるんや」

「良心ってなんですの？」

「ええ心や！」

（まんまやんか！）

「お前、常識と良識の違いは分かるか？」

「分かりません」

「常識っちゅうのは、世の中が決める基準や。

良識っちゅうのは、自らの良心が決める自分の行いの判断基準や」

「ふう〜ん」

「それがお前の中に自《おの》ずからある。人間誰しもが持ってるものや」

「誰にでもあるんですか、良心が？」

「ある！

心の中には、邪気もあれば無邪気もある。その無邪気が基準になればええんや。邪気が基準になると、お前の左手のようになる。でも、そんなお前も邪気のない『右手』を隠し持っとる。お前にも右手という良心がある」

「オレみたいな男でも？」

「当たり前や。生まれながらの鬼はおらん。

お前が隠してた良心がちょっとずつ芽を出しよるんや。それはワシとの出会いでそうなったんやろ」

（ふんふん。納得できるわな）

さっきの「それがお前の右手や！」が腑に落ちた。

そのオレの表情を見て、阿闍梨サンも言った。

「少しは見えてきたんと違うか？」

阿闍梨サンの言う「見える」の次元がどんなことか分からんけれど、一緒に歩きながら何かが変化しとるんやろか？　と風呂で阿闍梨サンの体を洗いながら考えた。

なぜ答えを教えないんですか？

「お前が得心したら、それが今の答えや。
人と自分を比べたり、
いろいろある答えを比べたり、
そうするから間違う。
お前が自分で納得したことが答えや。
答えは一つじゃない。
足がしっかりと着地してると、
答えがいろいろ変化できる」

「なんか阿闍梨サンの答えがよう分からんのです。ちゃんと言われてへん気がするんやけど。なぜ答えを教えないんですか？」

まあ、無礼もここまでくれば金メダル級やろな。

でも、阿闍梨サンは気を悪くするでもなく、例のごとく、のらりくらり。

「そうかあ？　ワシの言うことが分からんか？」

と、逆に尋ねてきた。

「はい。難しくはないんやけど、分からんっていうか……」

「どういうこっちゃ？」

「阿闍梨サン、『それもあるなあ』って、よう言うてますやん？　あれが分からんようになるんです。『これしかない』って言われたらはっきりするのに、『それもあるなあ』っていうのは、なんでもありって話やから、何が正解なんか分からんのです。混乱します」

オレは自分の考えをストレートに言う。言い切る自信があるから言う。自分が正しいと信じてるから言う。

でも、阿闍梨サンは「それもあるなあ」といなすような言い方が口癖。

「ふーん、そうか」

「はい」

「お前が得心したら、それが今の答えや。明日は明日の答えがあるかも分からん」

「……………」

(なんや？　ますます分からん！　分からんって言うてるのに、ますます分からん)

「それも、分からんか？

人と自分を比べたり、いろいろある答えを比べたり、そうするから間違う。

お前が自分で納得したことが答えや。答えは一つじゃない」

「そしたら、今日納得したことが今日の答えで、明日それが変わってもええってことですか？」

「そうや」

「答えって、一つはっきりしてるから答えじゃないんですか？」

「一つに決めたって、納得でけへんかったら、それはお前の答えにはならへんやろ？」

「それはそうやけど、お前の答えとか、誰それの答えとか、そういうのはおかしいんと違いますか？　だって、答えがみんな違うたら、ぶつかってしまうでしょ？」

「なんでや？　それはルールのことやろ？

答えっていうのは自分自身の中にあるもんや。だから、今日の自分の中にある答えは、明日の自分の中にある答えと違ってええんや」

「答えは教えてもらうもんじゃないってことかな？」

「そうや」

こういう会話は自分の根を深くする。根が深くなるほど、あとで力強い花が咲く。

このときの会話も、今の自分をつくっていった。「日本駆け込み寺」の相談では相手の話を否定しないし、まずは聞いて、そして肯定する。「肯定ペンギン」になれよ、とダジャレで言うてるくらい。

人は、肯定されて、それでもいいんだと分かっていくと、安心できて、今悩んでいる問題を脱出していける。それを無理やり一つの正しい答えに合わせなきゃあかんと思うから苦しくなる。自己肯定感の低い人は、基本的に「答えはこうだ」と決めつけてる。それは不幸でしかない。

現実の世界に百点満点の答案用紙はない。「それもある、これもある、他にもある」というのは、答えが不明瞭という意味ではなくて、その時々にふさわしい答えがあるということ。生身で生きている自分にふさわしい答えは、その都度変わるものやと阿闍梨サンから教えられた。

ただ、あのときの会話はもっと続いた。いつものオレの悪い癖。必ず突っかかる。

「でも、そうコロコロ答えが変わったら、足場が固まらない気がするんやけど」

そうしたら、阿闍梨サンはこう返してきた。

「いやいや、お前の足はすでに地面に着いとるで」

（？？？　どういうことや？）

「人間はな、変わっていく生き物や。だからいちばん納得できる答えも自ずと変わっていくもんや。

足がしっかりと着地してると、答えがいろいろ変化できる。足場が定まらんかったら、右往左往や。

振り子は、足場がしっかりしてるから左右に揺れ動くことができるやろ？」

「揺れるってブレてるのと違いますか？」

「違う。迷いは経験になる。自分の足場が定まらんから経験が身にならんのや」

「そんなら、なんで自分の足場が分からんのやろ？」

「自分の足が見えてへんのや。

人はな、自分で生きてると思うてるヤツほど足元が見えてへん。いろんなものに生かされてると分かってる人は、根っこや足元にしっかりと目が向く」

（そんなもんかいな？　ほんまかな？）

分からんことは疑ってみる、その習性がここでも出る。

「一本の樹木にたとえたら、根がしっかりしているから幹が太くなり、枝葉を自由に伸ばせるんや。お日さんの光もようけ受けるやろ。

そしたら実が生《な》りやすい。どれだけ自由に枝葉を伸ばせるか、そのことを『その枝葉もええなあ、この枝葉もええなあ』って言うてるんや。

だけど、お前っていう木になんの実がなるかはワシにも分からん」

（ふうーん）

「もっと言うと、お前は決してまっすぐな枝葉をしとらん。だけど根がしっかりしとる分、どこまでも枝葉を伸ばせるはずや。それが悪と言われる方向にもな。

でもな、癖のある木ほど長生きするんやで。見栄えのええまっすぐな木は、すぐに切られてしまう。癖木は使い方が難しいけど、その分、適材適所が見つかったら、力を発揮する」

「木組みは癖組み」という有名な大工の棟梁《とうりょう》の残した言葉を知ったのは、少しあとになってからやけど、阿闍梨サンが言うてたのはこのことなんやなと思い出した。

なんで勉強せんとあかんのですか？

「ワシはナマクラやったから、知りたいことがあったし極めたいと思うて勉強はしたけれど、何かが分かったかというと、実はよう分からん。だから、勉強したら何かが分かるということはない。

勉強せえよ、と強制もしない。しないけれど、何かを始めるには発心がなかったら間違う。それだけは確かや」

オレは中卒だけど、学歴はあっても悪さする人間はおるし、オレよりも稼いでないヤツもいっぱいおる。

じゃあ、なんのために高校や大学に行くんやろ？　多少知識が身に付いても、使い切れてへんのやったら無駄なことでしかないやんか？

阿闍梨サンなら、分かるやろか？

「なんで勉強せなあかんのですか？　オレみたいな中卒でも、ちゃんと生きていけてるんやけど。算数は掛け算までしか分からんけど、金利計算は速いし……」

「ほう、金利計算は上手なんか？」

「そらもう、プロやから」

「なら、ええやないか」

「でも、大学行ったほうが偉いから、皆行くんかな？」

「学歴が必要か、って聞きたいんやな？」

「そうです」

「お前、勉強したいことが何かあるんか?」

「いや、金儲けの勉強くらいかなあ」

「お前の言う金儲けの勉強ってやつは、どういう発心からや?」

「発心って、そのままですよ。金を儲けたい、それだけです」

「だから、金を儲けて何をするんや? それが発心やろ? ただ金儲けを勉強したって、それは、ただ算数を勉強しました、ナントカを勉強しました、っていうのと同じや。お前自身の根拠が発心だからな」

「腹いっぱい食えますやん」

「千円もあれば腹いっぱいになるやろ?」

「二万円のステーキを毎日食ったら、月に六十万稼がんとあかんでしょ? ステーキだけじゃ終わらんから、ビールも酒も入れたら、だいたい月に……」

「アホか。もうええ」

阿闍梨サンは噴き出して笑《わろ》うとった。そして言った。

「お前はお前で発心を持て。

ワシはナマクラやったから、知りたいことがあったし極めたいと思うて勉強はしたけれど、何かが分かったかというと、実はよう分からん。

だから、勉強したら何かが分かるということはない。勉強せえよ、と強制もしない。しないけれど、何かを始めるには発心がなかったら間違う。それだけは確かや」

「はあ……」

「ワシも勉強はしとらん。ただ、知りたいことがあったから叡山学院に入った。知りたいことのためには、その道を通る必要があったから勉強しに行った。

お前の目的はゼニ儲けっていうんなら、人間関係がいちばん大事だと知ったんやろ？」

「はい、そうです」

「それこそ『人の道』というもんや。お前にとっては、それが大学だったんやろうから、それでええんと違うか？」

（人の道なんかなあ？　金の道やろ？）

「お前、運転免許証は持ってるやろ？」

「はい」

「じゃあ、立派なもんや。それで世の中、渡って行ける」

真面目に言うてるのか、バカにされてるのか、よう分からん。

さらに、追い打ちをかけられた。

「お前は、人の使い方も知ってる。立派や」

（は？）

「でもな、お前は金の儲け方と言うてるけど、ほんまは金の奪い方を知っとるだけと違うか？」

(奪い方⁉　オレ、盗んでないけど)

奪う、ということの意味がそのときは分からんかった。盗んではいないけれど奪うことがある、そう分かるのはずっとあとのこと。

たとえば、返せへんと分かってる額の金を貸す。そして、担保にしている家や車を奪う。そういう合法的な奪い方がある。会社を乗っ取るときにも、その手を使う輩《やから》がおる。

あるいは、与えながら奪うこともある。金を与えて自立心を奪ってしまうのがそれや。その原理をうまく利用したら、金で人が操れる。

そういう奪い方は、法では裁かれへん。けれど、「加害者」と「被害者」という構造で見ることはできる。法の網をすり抜けるのは、何もヤクザ者だけとは限らん。

それはそれとして、奪う話を聞いた数年後のこと。

「阿闍梨サン、分かりましたわ!」

「何がや?」

「儲けるって、『信・者』って書きますやん。金を儲けるから『信者』になれるんやと分かったんです」

「アホか。なんも分かっとらんわ」

また阿闍梨サンは噴き出しとった。

だいたい、阿闍梨サンとの会話は、こういう「アホか」で終わる。途切れた会話をオレはその後に何度も思い出して、「あのとき言われたことの意味はこういうことだったんやろか?」と反芻する。何年も考え続ける。

この、何度も取り出しては考えるという行為を重ねていくうちに、ストンと腑に落ちる瞬間がある。「ああ、これか!」という得心と共に。

そのときの自分は、素になってる。人は得心を重ねていくことで心がどんどん素になっていくんやと実感できる。

なんでもそうやけど、一方的に聞いているだけでは身に付かない。聞いたことを考える時間に自分の思考が定着していく。時間は思考を生み出す玉手箱のようなもんや。

もちろん、阿闍梨サンにはそんなつもりはなかったかも分からん。でも、どんな些細《ささい》なことにも、どれだけアホな質問にも向き合ってくれたことが、無言のうちに救いを求める人に対する〝姿勢〟としてオレに蓄積された。

あとになって気づいたことやけど、阿闍梨サンといろんな話をした時間が、オレにとっての本当の〝大学〟だった。

「観」と「見」はどう違うんですか？

「コップをあるがままに見たら、
長方形とか丸とか、
決めつけることはできんということや。
お前、目で『見た』やろ？
心眼で『観る』でないとダメや。
選《え》り好みしたり、善悪を判断してはならん」

得度しても仏門に入ったわけではないオレに、阿闍梨サンは「般若心経くらい言えるようになっとけ！」と言った。その言い付けは守って、ちょっとずつ唱えられるようになっていった。

あるとき、ふと気になった。

（なんで、般若心経の最初の文字は『観』なんやろ？　『見』とはどう違うんやろ？）

機会を見つけて、阿闍梨サンに聞いてみた。

「『観』と『見』はどう違うんですか？」

すると、そこにあったコップを手に取った。

「このコップを横から見てみい。どんな形や？」

「長方形」

「じゃあ、真上から見てみい。どんな形や？」

「丸」

「そやろ？　見る角度によって違うんや。ということは、コップをあるがままに見たら、長方形とか丸とか、決めつけることはできんということや。どっちでもあるけれど、どっちでもない。

それ以前に、『コップ』とワシが言うた瞬間に自分でイメージをつくってたやろ？　自分で勝手に考えてしまうねん、人間は。だから、それをやらんように、あるがままを見て、あるがままに受け止めんとあかんのや。頭はいらん。思い込みは捨てろ！」

（はあーん、また小難しいこと言い始めたわ）

「でも、見えてるまんまですけど……」

「お前、目で『見た』やろ？　心眼で『観る』でないとダメや」

そのときは、そんな話を聞いても、どんなに大事なことなのか分かってへんかった。阿闍梨サンの言うとおりやと分かるようになったのは、自分自身が駆け込み寺で人の相談を受け始めてから。ほとんどと言っていいほど、あるがままに見えない人間の癖が混乱とトラブルを招いてると分かってきた。

阿闍梨サンは事あるごとに、「目の前を見ろ」という言い方もした。これも「あるがままを見ろ」ということ。自分の見たいように見たり、見たくない部分を見なかったり、そういうことは否定した。

なぜ、そうするのがええのか。

「すべてを認める」には、あるがままを見なければ始まらないから。「選《え》り好みしたり、善悪を判断してはならん」とも言うてた。

あるときは、食べ物のことを例にして「あるがまま」の話を聞いた。

「阿闍梨サンって、蕎麦《そば》とか豆腐とか、あんなんしか食うてへんのですか？」

「いや、肉も食うで」

「肉なんか食うてへんと思ってましたわ」

「そら、そういうふうな〝タテマエ〟っちゅうもんも必要やろ。でも、ワシ自身が嘘言うて『野菜しか食うてません』と言ったことはないで。皆さんが勝手に思うてることを否定せえへんだけでな。現実、外国行ったら、外国のもんを食わなあかんし、蕎麦も豆腐もないいんやから」

「まあ、そうですね」

「そこにあるもんをいただくことも、あるがままに頂戴するってことや。

大事なのは、『命を頂戴してる』という感謝や。肉とか野菜とか何を食うかなんてのは、その後の話や」

（あるがままの命をいただいてる……考えたこともないわ。なんでそういう発想になるんやろ？）

「肉とか野菜という形は『見』で分かること。命を頂戴してるってのは『観』でないと分からん」

（ふーん、そういうもんか）

阿闍梨サンの話は続いた。

「『郷に入れば郷に従う』って言うやろ？　食事もそうやし、じゃあ『郷』ってなんや？　としっかりと見ないと自分のわがままを出してしまう。

そういう意味で、世の中、目が不自由な人間が多い。あるように見ろ！　そうせんと〝視点〟が狂う。〝乱視〟になったり〝老眼〟になったりして焦点が合わん」

確かに、年寄りだから、金持ちだから、政治家だから、風俗嬢だから、出所者だから、と人の目は表層に注視する。だけど、どんな人間なのかは魂レベルで決まる。そんなことは誰だって百も承知。承知してるのに目が騙《だま》される。それは〝視力低下〟。

いろんな経験をしていくと、「見る」や「観る」だけでなく「視る」「看る」「診る」とさまざまな意味の「みる」があると分かってくる。「心でみる」「寄り添いながらみる」「相手に触れながらみる」という具体的な行動までイメージできるようになる。

阿闍梨サンの言う「ありのまま」は、極論すると「頭を使うな」ということやと今なら分かる。頭で考えるな、頭で見るな、頭で食べるな、頭で行動するな、頭で生きるな……。要は、ありのままの自分を邪魔するのが頭なんや。だから、そういうことを戒めるためにも「心眼」とか「素になる」とか「直観」と言うんやろう。誰の話も一人の人間の話として聞けるようになると、自分の姿もありのままに見られるようになっていくんやろうな。

阿闍梨サンとの珍問答は、疑問をぶつけた時間であると同時に、新しい疑問を生み出していった時間でもある。

言うてみたら、疑問が成長していったということ。オレ自身の成長よりも考えても分からんことがどんどん深くなっていった。

そして、深くなっていった疑問は、「生きるってなんや?」「命ってなんや?」「助けるってなんや?」という人間が根本的に抱える問いに着地していく。

そういうことが経験と共に自分で考えられて、熟成されていくと、「ああ、こういうことなんやな」という気づきに変換されていく。疑問が解けるというのではなくて、疑問を持つ生き方が自分の中に溶け込み、同化して、血肉になる感覚。

これこそ、阿闍梨サンが知らせようとしたことやったんやろか？とも思う。たぶん、ＤＮＡを受け継ぐっていうのは、こういうことなんやろなあ。時間はかかるけれど、即席で頭に詰め込む解答よりも、よほど自分を支える力になるのは間違いない。

生まれてきてよかったんかなあ？

「今はそれでええやないか。
いずれ自分で答えを出すはずや。
北風の寒さは、
人に教えられても分からんやろ？
自分で生きてると思うてると自慢したがる。
ワシは生かしてもろうとる」

東北巡礼中のある宿で、唐突に聞いたことがある。

「阿闍梨サン、オレ、生まれてきてよかったんかなあ？」

オレにとっては根源的な重い疑問。複雑な家庭環境で育った過去もふまえて、ずっと抱えてたこと。それを三十六歳で初めて他人に向かって口にした。道中の何かがオレを変えたのかもしれん。

「なんでそんなこと聞くんや？」

「オレから金を取ったら何も残れへんし、正直言うて何を目指してるのかも分からん。とりあえず金儲けしてる自分は喜びを感じてるからやってるけど、だけど阿闍梨サンとおると金儲けも虚《むな》しくなる。金儲けしてる自分が冷めていくというんか。

こんな目的しかないオレって、このままなんやろか？　生まれてきてよかったんやろか？　そんな気持ちですねん」

「ふうん、そうか。それは、ええやないか。

お前が歩きながら何かを感じたから、そう思うんやろ？

でも、何かを感じるからワシと歩いてるんやろ？

今はそれでええやないか。いずれ自分で答えを出すはずや」

（いや、それじゃあ、分からんやんか）

またいつもの答えや、と思ってたら、阿闍梨サンはこう言った。

「そこまで考えたお前は大したもんや」

「でも、中途半端ですやんか。〝お山〟行ったかて、やってることは中途半端ですやんか」

「お前、なんで山に来てるねん？」

「オレ、信心はないねん。ただ、阿闍梨サンを見てたらホッとするから行くんです」

オレがここまで素になって言えるのは、阿闍梨サンが決して人の話を無下にしないと分かってるから。年甲斐もなく、とか、思慮が浅い、とか、そういう心配をせずになんでも話しかけられる人やった。逆に言うと、そういう人の前でしか自分というものは見せられへん。

「ふーん。それだけで山へ来てるんか？」

「そうです。はっきりしてるのは、来る前と帰るときの気持ちが変わってるっていうんか、違う自分を感じる。それも〝お山〟へ行く理由かもしれへんなあ」

週末に行くのが待ち遠しくても、行って仏器を磨いたり掃除をしたり、というなかで自分の変化を何か感じたら、それでもう帰りたくなる。お経も唱えへんし、ずっと〝お山〟にいたいわけでもない。

誰かが何かをしてくれる場所ではない。自分がそこで何をするか、何を感じるか、何を見つけるか、そのためにある場所。それが心地良かった。

おそらく、自力でしか感じられへんことやと思う。すべてが自力の結果としてもたらされる、それがオレにとっての〝お山〟であり阿闍梨サンやった。迷いながらでも自分の足で歩いていったら、そこに助けるロープが用意されているような場所であり人物。

「お前が自分で来るならば、そのロープでもうちょっと上がって来いや」と言われてる感じがしてた。ロープっていうのは「気づき」のこと。自分で気づいたらもっと見晴らしのええ場所に上がれる。

だから、阿闍梨サンが答えらしい答えも言わず、かといって、どんな質問も無視することなく相手してくれたのは、オレの自力を高めるためやったんかもしれんと今になって思い至ってる。

「てっぺんっちゅうのは、自分で登ってみらんと分からんもんや」

阿闍梨サンがそう言うてた意味も、自力のことやったんやと今なら分かる。

だから、人を助けるということは、その人の代わりにやってあげることではない。その人が自分でできるように励ましたり、待ってあげたり、暗闇で迷ったときに足元に火を灯してあげたり、ということ。自力を奪い取るようなのは人助けではない。

「北風の寒さは、人に教えられても分からんやろ？」

そんな言い方で阿闍梨サンは自分で経験することの大切さを説いた。

そのうえで、

「ワシの眺めと、お前の眺めは、同じてっぺんの景色でも違う。ワシの北風とお前の北風も違う」

と経験の違いについても教えてくれた。

「自分のものさしをつくれ！　自分のものさしを伸ばせ！

初めから一メートルのものさしを持ち出す必要はない。自分の長さに合わせて十センチとか三十センチのものさしでええんや」

と言っていた意味も、自他の違いを前提としたものだったんやな。

ほんまにその通りやった。それぞれの人生観、死生観、宗教観でええし、その多様さがええんやとだんだん分かっていった。

「お前はてっぺんに登ったら、自慢するんやろな？　ワシは手を合わせる」

そう言われても、沈黙するしかなかった。なぜか？ そのあとに、こう続いたから。

「自分で生きてると思うてると自慢したがる。ワシは生かしてもろうとる。その差やな。上がり方も人それぞれっちゅうことや」

同じ場所におっても違うものを見てる？ 自力で登って来いと言いながら、自分で生きてると思うな？

確かに謎かけみたいな言葉やったけれど、生まれてきてよかったかどうかを悩むよりも、生まれてきたことに手を合わせられる人間になったかどうかのほうが大事やで、とあのとき阿闍梨サンは伝えてたのかもしれんなあ……。

師の墓前にて（平成30年9月23日）

なんで冒険なんかするんやろ？

「お前、はかりごとばっかりしてるやろ？
過程が大事やと思うてる人のこと、
分からんやろ？
自分の成長に必要なのは過程やろ？
そこをしっかりとなぞろうと思うから、
先人と同じ修行や
伝統ってもんが輝いてくるし、
そうじゃなかったら
『道』なんてもんはできてへん」

誰でも「命は大事」と言う。じゃあ、なんで冒険家は命がけで雪山や極地に行くんやろ？　そのことがずっと疑問だった。植村直己《うえむらなおみ》さんが数々の「世界初」を達成したというニュースを聞いても、そもそもの「なんでそんなことするの？」という理由のほうに関心があった。

今思えば、「オレって生まれてきてよかったんやろか？」という自問と結びついてたのかもしれん。自分は金儲けに邁進してて、でも生きてる意味がよう分からんのに、滑落したり雪崩に遭ったりする危険をあえて冒したい人生っていうのは、まったくもって理解しがたかった。

阿闍梨サンも千日回峰行を二回もやってるし、下手したら死んでしまうかもしれん修行をやりたい気持ちってなんやろ？

そういうごちゃまぜの疑問を持ってたのかもしれん。だから質問した。

「登山家とか冒険家とか、なんであんなことするんやろか？」

「どういう意味や？」

「死んだら終わりですやんか？」

「ふん。お前は結果が大事か？」

「結果は大事ですよね」

「死ぬのが怖いんか？」

「怖いですよね」

「なら、冬に雪山に登る人たちの気持ちは分からんやろな」

「分からんから聞いてるんです」

「お前、はかりごとばっかりしてるやろ？　結果はどうなるか分からんけど、その過程が大事やと思うてる人のこと、分からんやろ？」

「分からん」

「ええか。どっからどう登っても、頂上は一緒や。でも、歩かんかったら頂上には行かれへん。だったら、自分が歩いてることに満足したほうがええやろ？

　仮に途中で死んでも満足や、っていうことが本人にとっては大事なんや。結果じゃない。それがその人にとっての『道』ってもんや。

　お前には無意味やと見えるのかもしらんけど、そこに命を懸ける人それぞれの人生の意味があるってことや。

　だから、あの人たちも、ある意味で行者やな」

「はあ……」

「ワシも回峰行やって、結果は知った。でも、結果には特別な意味はない。やってる途中のほうが大事やった」

「でも、みんな『二回達成した』って結果のほうを褒めますやん？」

「そら、ワシとは関係ないことや。その人らの興味関心なんやろ。実際にやった者には、やったそのことが価値なんや」

（そんなもんかいな？）

「ええか、お前は金という結果ばっかり追いかけてるから、どうやって稼ぐかよりも、いくら儲かるかに価値を置く結果主義者や。エベレストでいうたら、ヘリコプターで行けばええやん、って発想や。でも、それじゃあ自分がやったことは何も残らん。

結果を求めるなとは言わん。でも、それ以前に、自分の成長に必要なのは過程やろ？　そこをしっかりとなぞろうと思うから、先人と同じ修行や伝統ってもんが輝いてくるし、そうじゃなかったら『道』なんてもんはできてへん。『信仰』かて、そうや。過程をないがしろにしたらなんの値打ちもないやんか」

（長生きするのが目的になったら結果主義？　じゃあ、生きてる間に何をするかってことか？）

そのときは阿闍梨サンの言葉を反芻しながら、あれこれ自問を続けるしかなかった。

ふっと、『西遊記』の孫悟空もこういう感覚を持ったんと違うかな？　と考える。

三蔵法師と一緒に天竺へ旅をして経典を持ち帰る道中で、師匠といろんな話をしたりトラブルに巻き込まれたり、その都度、悟空は疑問を持っては問いかけ、問いかけては新たな考えにたどり着いたんと違うやろか。そうしながら、石から出してもらった猿が人間らしくなっていく。粗暴な生き物から、どんどん人間味が加わって変化していったんと違うやろか。

もし、三蔵法師が仏法を悟空に説いても、まったく身に付かへんかったと思う。一緒に旅をして、寝食を共にして、苦難を共有したから何かを学んだはずや。ということは、仏教の神髄は、人と人との関わり方にあるということやないかな?

もちろん、『西遊記』は物語やけど、人間の成長ってそういうプロセスを経ていくんと違うやろか? 少なくとも、オレにとっては悟空の人生は他人事とは思えへんし、オレにとっての三蔵法師は間違いなく阿闍梨サンやったと言える。

もしかしたら、誰にとっても三蔵法師が存在するんやないかな？　自分で気が付いてへんだけで。いつの間にか金の輪っかを頭にはめられているのかもしれん。

それは、ありがたいことなんやないかな？　師匠とか、先輩とか、自分勝手な行動や思想を縛り付けてくれる存在を持ったということは、成長のチャンスを得るってことや。「近づくことができる関係」って言うんかな。だから、自分もそのお返しとして、いつか師匠や先輩になってあげたらええんやな。

「道祖神《どうそしん》」を思い起こす。道標になってくれて、道中の安全を見守ってくれるもの。そういう人との出会いが迷える者を救っていく。生きる者のための道祖神だから人が行き来する道端にあるんやな。

阿闍梨サンは言うてた。

「誰かの道をなぞる必要はない。ワシの道をなぞる必要もない。ワシはお前の行く道の辻々に立ってる。そこまでお前が来ればワシがおる。
お前もそういう人間になったらええ」

人が信じ合うって、ほんまかなあ？

「そう思うなら、
それはそれでええ。
でも、
今はまずワシを信じろ！
それができんかったら、
何も身に付かん！」

宗教には、いろんな宗派がある。どんな宗教だって、年月を経ればいろんな解釈が生まれて、現実に合わせて独立者が出てくるのは分かる。会社から独立するヤツもおるし、のれん分けで自分の店を出すヤツもおるんやから。

でも、キリスト教から分派しても最終的にはイエスに帰依することは変わりないのに、仏教は「お釈迦さん、お釈迦さん」と言いながら、その宗派の開祖に帰依する。なんで？

そのことを尋ねた。

「いろんな宗派があるって、おかしくないんかな？」

すると、阿闍梨サンはニヤリとしながらも答えてくれた。

「うちらで言うたら最澄さんが〝校長〟や。その校長さんに学んだ人たちは、各教室を受け持つ〝担任〟やな。分かるか？　お前、難しい話は分からんやろ、ワシと同じで中卒だから（笑）。だけど、ワシは歳いってから勉強したから、ちょっとは分かる」

（そこ、いばるんかい！）

「そしたら、お釈迦さんの下にいろんな校長先生がおって、そんでまたその下に担任の先生もいっぱいおるってことですね？」

「そう思うておけばええ」

（なんや、怪しいな）

「そんなら、全国にお寺が何万もあるのは、なんでですか？　必要だからあるんでしょ？」

「うん、そら『イワシの頭も信心』やからな」

「どういうことですか？」

「それぞれが自分の信じるものを信じればええんや」

「自分が信じるものでええってことですか？」

「そうや。お前はお前やろ？　だから、人の数だけ信じるものがあってもええやろ？」

「まあ、そうですけど」

「そのときに、同じものを信じ合う人間たちが集まってグループをつくったら、団体とか宗派とかになる。それだけや」

「それだけのことですか？」

「それでも、信じ合う者が他にもおるってことが救いにならんか？」

「はあ、ヤクザかて集まりますからね」

「あれは必要悪やろ。処理が早いし、その場で収まる。そら手数料もかかるわな（笑）」

この分け隔てのなさが全国の親分たちにとっても魅力やったんやろなあ。

（だけど、「信じ合う」って、ほんまにできるんかな？　人は腹の中では何を考えてるか分からんやんか……）

「お前、なんか疑問があるっちゅう顔してるな？」

「阿闍梨サンを信じてへんわけではないけど、人が信じ合うって、ほんまかなあと思うんですわ」

「そう思うなら、それはそれでええ。でも、今はまずワシを信じろ！　それができんかったら、何も身に付かん！」

（「ワシを信じろ」って、いつも言うよなあ。オレを信じさせて何か得しようと思うてるんと違うよな？）

「まずワシを信じろ！」の真意が分かるようになるのは、ずっと後のこと。「守破離《しゅはり》」という言葉を知ってから。阿闍梨サンが『まずワシを信じろ！』と言うたのは『守』のことだったんやな、と考えることができるようになった。

師匠に対する「信」が基本になかったら何も身に付かへんし、学ぶことができないことを阿闍梨サンは言うてたんや。そして、いつか自分自身の「型《かた》」が出てきたら、師匠から学んだことも「破」となっていく。そして最後には師匠からの「離」となる。こういう段階を経て、まっとうな成長をしていくんやなと分かった。

阿闍梨サンに一度だけ言うたことがある。

「阿闍梨サンだけが唯一無二の親分やと思うてます」

もちろん、二人きりのときやった。

「なんでワシがお前の親分なんや？」

「無条件に受け入れてもろうたからです、こんなオレでも」

最初は思ってなかったけれど、徐々に「さすが師匠やな！」と分かって、この人の前では素直になれるかな、裸になれるかな、そう思うたし、人間になれるように一から教えられたという実感もあった。

オレは、まっすぐに人と目を合わすのは、威嚇《いかく》するときだけ。真剣な話も常にポイントをずらす。読経のときも、真面目にやってる自分の姿がどことなく照れくさくて、必ず指をずらして手を合わせていた。

そうしたら、阿闍梨サンに一喝された。

「合わせろ！　こうや！」

阿闍梨サンが手ほどきしてくれることは珍しかった。

（よう見てるなあ。分かってまんがな。でも、合わせきれへんねん）

「隙間だらけや！　ちゃんと合わせろ！」

阿闍梨サンは、「こういうことを学べ」とも「これを習え」とも言えへん。

たとえて言うならば、

「阿闍梨サン、腹が減ってます！」

「ほら」

「これなんですか？」

「匂いなんか嗅がなくてええ、黙って食え」

「これ食えますの？」

「自分で食ってみたら、いつか分かる」……

そういう問答ばっかり。答えを言われてもオレがその答えを受け入れたかどうか怪しい。自分の考える余地を残した返答をいただいたから、記憶どころか血肉となって受け取ることができたんやろうと思う。

結局、オレは仏を信じていたわけではなく、阿闍梨サンを信じていたんやと自覚したのは、駆け込み寺を始めてからのことだった。阿闍梨サンを通して仏の世界に触れていたんやろうなあ。

なんで、きついのに歩くんですか？

「歩きたいからや。
それ以外の理由はない。
すぐに擦り切れてしまうと分かっていながら、
このわらじを作ってくれはる人の気持ちも
足に感じて歩いてることが分からんやろ？」

阿闍梨サンは巡礼で歩くとき、わらじを履いていた。

あるとき、「そのわらじ、もらえへんかなあ?」と、お願いしてみた。

「なんでや?」

と阿闍梨サン。

「だって、みんな、阿闍梨サンのわらじを自分の体にくっつけて、痛いとこが治るとか、病気が癒されるとか言うてますやんか。お守りみたいなもんなんでしょ?」

「アホか!」

と一喝された。

「お前には、やらん!」

「なんでダメですの?」

「ろくなことに使わんやろ!」

「ご利益あるんでしょ? 災難除けとか商売繁盛とか」

「そもそも、わらじの意味を分かってんのか？」

「阿闍梨サンの履きもんですやろ？」

「アホか！」

と、またきた。

「これはな、ワシの一歩一歩の足跡や。念の入った足の一部や」

「いっぱいあるやないですか」

「あのな、これを作ってくれた人の気持ちとか、お前はまったく分からんやろ？　興味もないやろ？

『脚下照顧《きゃっかしょうこ》』が大事や。足元を照らすと、ワシの旅の無事を願って作ってくれはったことが分かる。お前が『欲しい』と言うてるご利益とはまったく意味が違う。お前の性根《しょうね》はそんなもんやから、やるわけにはいかん！」

オレの視点は、ご利益《りやく》のほうからばっかりやった。はっきり言うて偏ってる。

でも、逆に言うと、ご利益にもならんことをなんでやるの？　というのが率直な疑問。ご利益のない人生なんか面白くもなんともない。そう思ってた。

巡礼の道中でいつも驚かされたのは、阿闍梨サンが宿に着いて上がる前に、桶《おけ》の水で阿闍梨サンの足を洗うとき。毎日毎日歩いているのに、意外なほど柔らかい。とても六十五歳（当時）の足とは思えん。

しかも、どれだけわらじで歩いても、ふくらはぎが硬くならない。思うに、指先でしっかりと地面を摑んで歩いてるからやろな。オレたちみたいに靴で歩いてるほうがパンパンに張ってくる。

阿闍梨サンが一日歩けば、二足のわらじがつぶれる。雨の日は三足必要。出発前に新品のわらじを木槌で叩いて柔らかくするのが下足番であるオレの役目やった。

そのわらじかて、阿闍梨サンが言うてたように、特別に作ってくれる人がおって、出発前にたくさんの人が関わって届けられた念が入ってる。歩く足を念が包んでいるということを阿闍梨サンは言うてたんやろうけど、そういう見方はしたことがなかった。

オレの好きな詩に『尊いのは足の裏である』という坂村真民《さかむらしんみん》さんの詩作がある。「尊いのは頭でなく手でなく足の裏である」と始まるその詩を思い出した。

（尊い足の裏を守るわらじをオレはご利益として欲しがった……）

と振り返った。と同時に、自分にも疑問が向けられた。

（オレは足なんやろか？　わらじなんやろか？）

（足だとしたら、オレのわらじってなんやろ？）

（わらじなら、何を包んでるんやろ？　どんな念が入ってるんやろ？）

自分への宿題やな、これは。歩きながらそう思った。

もともとオレは「忍」という言葉が好きやった。心を刃《やいば》で抑え込む、それは自分にも必要なことやと分かってたから。

でも、必ず刃を押し退けてしまうほど猛々《たけだけ》しい心は簡単には消えへん。だから阿闍梨サンと出会う必要があったんやろうし、歩く必要があったんやとも思う。

そして、阿闍梨サンは「念」と言うた。「忍」と「念」は「心」のコントロールの仕方が違う。抑えつけないといけない心と、今のままを認める心。オレは歩かなかったら「念」を知らんかったかも分からん。「脚下照顧」も一生聞かなかったかも分からん。それ以前に、足が痛くなる経験のない人生やったかもなあ。

「なんで、きついのに歩くんですか?」と阿闍梨サンに尋ねると、「歩きたいからや。それ以外の理由はない」って言うけれど、オレは、もうギブアップ、もうギブアップ、そればっかり思ってた。歩くことの意味が見いだせへん。何もええことなんかない。歩けば自分の中に何か新しいことが生まれるんちゃうかな? と期待したようなことは、一切ない。

「ご利益を求めて歩くようなヤツやから、お前は『わらじをくれ』と言えるんや。すぐに擦り切れてしまうと分かっていながら、このわらじを作ってくれはる人の気持ちも足に感じて歩いてることが分からんやろ?」

(分かりません)

そう、胸にしまうしかなかった。

歩くこと一つとっても、阿闍梨サンとオレではまったく目的が違ってた。でも、そのことを阿闍梨サンは直接は言わない。ストレートなぶっちゃけ話のようでいて、何かを含んだ言い方しかしない。だから、深く理解できるには時間がかかる。

「歩きたいからや」の意味は、人は、まず自分自身に求めるものがなかったら、何をやっても身にならんということなんやと時を経て分かっていった。「歩きたい」と思うから歩くことが自分の身になる。

「生きたい」と思うから生きてることが自分の身になる。

「人のために何かをしたい」と思うから人のためにしたことが自分の身になる。

そういうことを分からせるために、阿闍梨サンは「知らんもんは、知らん」「そう思うか」「そんなもんや」と謎の言葉を発し続けたんやなあ。

家におられへん。おかしいやろか？

「お前が求めてるのは、家庭とかそんなもんとちゃうやろ？　金もオンナ遊びも、家庭をつくっても、とことんやってないやろ？　ワシに言わせたら、お前は迷うてる。迷うな！　いっぺん、とことんまでやり尽くしてみいや！」

ずいぶん長いこと阿闍梨サンとこに通いながらも家族のことなんか話さなかったのに、何かの拍子にポロッと率直に言うたことがある。

「オレ、家におっても居心地悪いんですわ。嫁もおるし子どもも三人おる。庭付きの家も買うた。世間からは何不自由ないように見えるやろうけど、オレ自身はそこに不自由さを感じる。だから家におられへん。おかしいやろか?」

そしたら、阿闍梨サン、こう答えた。

「うん、そんなもんやろ」

(そんなもん、て? 何を言うてるか分かってんのやろか?)

いぶかしく思っていると、

「お前が求めてるのは、家庭とかそんなもんとちゃうやろ?」

と返ってきた。

「どうなんやろなあ……オレ、オンナもあちこちおるし、やっぱり

『色欲是空』だから一カ所におられんのやろな」

「アホか。それは『色即是空』や！　そんなこと言うてるけど、お前、遊んでるだけやろ？　突き進めてへんのやないか？　金もオンナ遊びも、家庭をつくっても、とことんやってないやろ？

　無類の女好きにも見えへんし、『金、金』って言うてるけど、どこまで真剣なのかも分からん。ほんまは、金だってどうでもええんやろ？

　ワシに言わせたら、お前は迷うてる。迷うな！　いっぺん、とことんまでやり尽くしてみいや！」

「オレ、迷うてますか？」

「ワシが見る限り、お前はほんまに極悪非道なことはでけへん男や。どんなことしても、罪人にはならへん」

「なんや、初めて褒められたみたいやな」

「そう聞こえるか？」

「聞こえます」

「ふーん。そう思うんやったら、そう思えばええ」

そんな会話も、阿闍梨サンと二人きりのときだからできること。旅館の風呂場で背中を流しながらの〝湯船会話〟は、巡礼の間じゅう続いた……。

オレは〝お山〟に行く度に、お客さん用の座布団を並べたり、仏器を磨いたり、庭掃除したり、勝手に自分のできることをやっていた。

そんなこと阿闍梨サンは知らんやろなあと思っていたけれど、

「分かってたで」

と、何かの折に語ってくれた。

（へえー、遠目に見てたんや⁉）

そういう阿闍梨サンだから、オレのことも「迷うてる」とか「罪人にはならへん」と言い切れたのかもしらんな。

六周年の記念イベントを歌舞伎町のキャバレーで大々的に開催したとき、来てもらって、五百人の参加者を前にお加持をやってもらった。

「おい、あのキラキラはなんとかならんのか？」

「あれ、止められへんのです」

阿闍梨サンはミラーボールをじっと見上げてた。

その舞台裏で、こう言われた。

「あと、半分やな」

この「半分」の意味は、比叡山の籠山行《ろうざんぎょう》になぞらえたものやと、あとで思い至った。

比叡山には、十二年間の修行が終わるまで山を下りることができないという特別な行がある。「静かなる荒行」とも呼ばれているけれど、その十二年間にたとえて、設立から六年経った駆け込み寺のことを阿闍梨サンは「半分」と称してたんやな。

(よっしゃ！　十二年間、やったろやないか！)

そう誓った。

イベントが終わったあと、阿闍梨サンに聞かれた。

「お前は、駆け込み寺をやって何か変わったか？」

「いや、なんにも変わりません。酒も飲んでるし、オンナも抱きますし」

「ふん、お前は、それでええ。『水清ければ魚棲《す》まず』って言うから、そういう場所（歌舞伎町）が適してるし、そういうお前が必要な人がおるはずやからな」

(清かったらオレ自身が棲めへんもん)

そう思っていたら、

「お前、ええ顔になったなあ」

と阿闍梨サンは言った。

「男に磨きがかかったんかなあ?」

すぐにリアクションすると、

「ああ言えばこう言う。すぐにつけあがる」

と呆れてた。

オレは何度も何度も阿闍梨サンを呆れさせてきた。

あるときは、唐突に「お前、小指を使わずに、これ握ってみろ」

と太鼓のバチを渡された。

「しっかり握っとれよ」

阿闍梨サンがバチをひねると、オレの手の中のバチはするりと回った。

「じゃあ、小指で握ってみろ」

そう言われて握ったバチは回らなかった。小指が掴んでいれば人差し指を開けても回らない。

「なあ。小指が肝心や。大事には思えんようなことが本当は効いてくるんや」

でも、オレは、

「オンナを大事にせなあかんっちゅうことですか？」

と、下世話なほうへ話を持っていった。

「そやな……お前の発想は素晴らしい……」

そこでもせっかくの話題に水をぶっかけて、呆れられた。

さて、〝十二年〟の誓いのことに戻ると、駆け込み寺が十一年四カ月目に阿闍梨サンが亡くなった。だから、十二年間の〝満行〟を報告することはできんかった。そして、駆け込み寺は今十七年を越えた。

公益社団法人「日本駆け込み寺」

「たった一人のあなたを救う」「被害者も加害者も生み出さない」「どんな過去もやり直しはきく」をモットーに年中無休、秘密厳守、無料の相談事業を行っています。
DV、家庭内暴力、虐待、いじめ、自殺願望、ハラスメント、ストーカー、家出、ひきこもり、多重債務、依存症、出所者、セクシュアル・マイノリティ……どんな悩みも、どんな人でも、相談できます。

面談・電話相談の受付

03−5291−5720

10:00〜20:00

詳しくはホームページまで
http://nippon-kakekomidera.jp/

〒160-0021　東京都新宿区歌舞伎町2-42-3　林ビル1階
TEL 03(5291)5720　FAX 03(5272)2401
E-mail：info@nippon-kakekomidera.jp

大阿闍梨　酒井雄哉の遺言　師弟珍問答

2019年5月30日　初版第1刷発行
2019年6月15日　初版第2刷発行

著　者　玄　秀盛
発行者　水野博文
発行所　株式会社佼成出版社
〒166-8535　東京都杉並区和田2-7-1
電話　(03)5385-2317(編集)
(03)5385-2323(販売)
URL　https://www.kosei-shuppan.co.jp/

印刷所　錦明印刷株式会社
製本所　株式会社若林製本工場

ISBN978-4-333-02805-4 C0015